ABRINDO AS GRADES
O IMPACTO DO ENCARCERAMENTO FEMININO NAS RELAÇÕES FAMILIARES

Editora Appris Ltda.
1.ª Edição - Copyright© 2024 da autora
Direitos de Edição Reservados à Editora Appris Ltda.

Nenhuma parte desta obra poderá ser utilizada indevidamente, sem estar de acordo com a Lei nº 9.610/98. Se incorreções forem encontradas, serão de exclusiva responsabilidade de seus organizadores. Foi realizado o Depósito Legal na Fundação Biblioteca Nacional, de acordo com as Leis nos 10.994, de 14/12/2004, e 12.192, de 14/01/2010.

Catalogação na Fonte
Elaborado por: Josefina A. S. Guedes
Bibliotecária CRB 9/870

C416a
2024
	Cerqueira, Juliana Diniz
	    Abrindo as grades: o impacto do encarceramento feminino nas relações familiares / Juliana Diniz Cerqueira. – 1. ed. – Curitiba: Appris, 2024.
	    157 p. ; 23 cm. – (Multidisciplinaridade em saúde e humanidades).
	
	    Inclui referências.
	    ISBN 978-65-250-5899-3
	
	    1. Prisioneiras. 2. Famílias. 3. Violência. I. Título. II. Série.
	
	                                                                                                            CDD – 365.43

Livro de acordo com a normalização técnica da ABNT

Appris
editora

Editora e Livraria Appris Ltda.
Av. Manoel Ribas, 2265 – Mercês
Curitiba/PR – CEP: 80810-002
Tel. (41) 3156 - 4731
www.editoraappris.com.br

Printed in Brazil
Impresso no Brasil

Juliana Diniz Cerqueira

ABRINDO AS GRADES
O IMPACTO DO ENCARCERAMENTO FEMININO NAS RELAÇÕES FAMILIARES

FICHA TÉCNICA

EDITORIAL	Augusto Coelho
	Sara C. de Andrade Coelho
COMITÊ EDITORIAL	Marli Caetano
	Andréa Barbosa Gouveia - UFPR
	Edmeire C. Pereira - UFPR
	Iraneide da Silva - UFC
	Jacques de Lima Ferreira - UP
SUPERVISOR DA PRODUÇÃO	Renata Cristina Lopes Miccelli
ASSESSORIA EDITORIAL	William Rodrigues
REVISÃO	Erika de Freitas Coachman
	Katine Walmrath
PRODUÇÃO EDITORIAL	Adrielli de Almeida
DIAGRAMAÇÃO	Bruno Ferreira Nascimento
CAPA	Eneo Lage
REVISÃO DE PROVA	Jibril Keddeh

COMITÊ CIENTÍFICO DA COLEÇÃO MULTIDISCIPLINARIDADES EM SAÚDE E HUMANIDADES

DIREÇÃO CIENTÍFICA Dr.ª Márcia Gonçalves (Unitau)

CONSULTORES Lilian Dias Bernardo (IFRJ)

Taiuani Marquine Raymundo (UFPR)

Tatiana Barcelos Pontes (UNB)

Janaína Doria Líbano Soares (IFRJ)

Rubens Reimao (USP)

Edson Marques (Unioeste)

Maria Cristina Marcucci Ribeiro (Unian-SP)

Maria Helena Zamora (PUC-Rio)

Aidecivaldo Fernandes de Jesus (FEPI)

Zaida Aurora Geraldes (Famerp)

À minha mãe e ao meu pai, fontes de inspiração.

AGRADECIMENTOS

O presente trabalho não teria sido possível sem o inestimável apoio e colaboração das pessoas citadas a seguir, a quem envio uma mensagem de profunda gratidão:

— Andrea Seixas Magalhães, minha orientadora, professora e supervisora, pela confiança depositada e pelo acompanhamento sempre atento e generoso;

— Mayla Cosmo, minha coorientadora, por sua extrema dedicação e delicadeza;

— Mariângela Pavão e Fátima Elizabeth Silva, respectivamente diretora e psicóloga do Patronato Magarinos Torres, por sua acolhida à minha pesquisa de campo, garantindo as condições necessárias para a realização das entrevistas;

— Meus três filhos: Gabriela, Sofia e Felipe, por serem a inspiração da minha vida. A esses dois últimos devo agradecer a paciência e compreensão com o interminável "dever de casa" que lhes roubava a companhia da mãe;

— Minha irmã, Fernanda, responsável por eu ter me lançado a esta tão sonhada jornada;

— Eli, minha mãe, por ter despertado em mim a paixão pela vida acadêmica, e Marcello, meu pai, por me tornar sensível à realidade do cárcere e os direitos humanos;

— Ao meu pai Paulo, pelo exemplo de sua imensa generosidade, condição indispensável para se lidar com uma realidade tão sofrida.

PREFÁCIO

A escolha de um objeto de pesquisa é, de alguma forma, um cartão de visita do pesquisador. Afinal, quem nutriria curiosidade sobre os impactos do encarceramento feminino nas relações familiares senão uma pessoa profundamente dedicada à compreensão da condição humana e das iniquidades de uma sociedade profundamente desigual?

Juliana Diniz Cerqueira, ao apresentar sua dissertação de mestrado na Pontifícia Universidade Católica do Rio de Janeiro (PUC-Rio), partiu de sua consistente formação curricular, especialmente no que tange a mulheres em situação de violência, para dar voz a detentas que experimentam o afastamento da família e dos afetos ao cumprirem pena em regime fechado.

Juliana poderia ter restringido seu olhar à farta bibliografia e aos dados estatísticos referentes ao assunto, mas suas inquietações a levaram a ampliar e enriquecer o escopo de sua pesquisa. Por meio de entrevistas comoventes realizadas no Patronato Magarinos Torres, a autora ouviu nove detentas com idade entre 22 e 41 anos. O que poderia ser apenas um trabalho de transcrição, tabulação ou etnografia transformou-se, graças à sua sensibilidade, em uma reafirmação de seu compromisso com a luta contra a desigualdade de gênero.

"A desesperança no futuro, a dificuldade de lidar com um presente imerso na dor e o fato de estar desprovida de si mesma levam algumas vezes a mulher a buscar a alternativa do suicídio", pontua Juliana, ao apresentar a fala de G., uma detenta que pensou em se matar, amarrando um lençol na grade e tomando uma dose cavalar de remédios controlados. A escuta sensível da autora constata que a escolha pela morte poderia ser vista como protagonismo sobre o corpo e sobre a própria vida. Sua análise é uma síntese do desamparo em carne-viva presente em outros tantos relatos igualmente pungentes.

Com as mãos algemadas, o impedimento de amamentar, o constrangimento de ver familiares humilhados e maltratados durante revistas vexatórias em dia de visitas, o desperdício de alimentos e o descarte de objetos sem critério objetivo – o livro apresenta situações que chacoalham a indignação de qualquer leitor ou cidadão com um mínimo de empatia e dignidade. O estudo levado a cabo por Juliana revela que a violência do cárcere se espraia pelo campo subjetivo, alcançando também a vida social e familiar.

"O cárcere é um ambiente marcado por vários tipos de carência. Nesse espaço de privação, onde a violência é vivida diariamente, a automutilação e o ato extremo do suicídio se tornam uma possibilidade presente. Entre as situações recorrentes de violência que expõem a mulher a riscos e a vulnerabilizam estão: brigas conjugais do casal parental, abusos e agressões sexuais, punições corporais, familiares presos, uso de drogas e histórico de tentativas de suicídio", conclui Juliana.

A escrita acadêmica, via de regra, costuma ser um fator de distanciamento afetivo e emocional. No entanto, ao investigar um tema tão invisibilizado e, por muitos, evitado, Juliana nos convida por meio de uma escrita fluente e generosa a enfrentar o cenário de desamparo e desamor dos presídios, escancarando a vulnerabilidade de gênero a que são submetidas mulheres encarceradas. Através de seu texto, é estabelecida a possibilidade do exercício da empatia, sentimento que deveria nos irmanar em busca de alternativas menos dolorosas, capazes de reduzir danos potencialmente devastadores.

Já deveríamos ter compreendido – com base em experiências e relatos históricos – que, embora na dor se possa aprender, na dor não se deve ensinar. Segundo a pesquisa de Juliana, o sofrimento causado pelo encarceramento de mulheres enfraquece os vínculos familiares, esgarça as relações e dificulta o desenvolvimento de seus filhos. Além da condenação pelo crime, além do julgamento moral, além do preconceito de gênero, uma mulher encarcerada enfrenta a punição da própria prole à medida que é impedida de tecer uma rede de cuidado, algo tão necessário para o enfrentamento da solidão do cárcere.

Esta é uma obra fundamental para que não percamos a capacidade de nos indignar. Por meio de sua pesquisa, Juliana nos conduz à afirmação do afeto e da empatia como fatores determinantes na construção do exercício da liberdade.

Andréa Pachá

APRESENTAÇÃO

O estímulo para este livro surgiu do meu trabalho com mulheres no Hospital Psiquiátrico Penal Roberto Medeiros e no Hospital Psiquiátrico Penal Heitor Carrilo, ambos situados no Complexo de Gericinó em Bangu e em Niterói, respectivamente, no estado do Rio de Janeiro. Essa experiência proporcionou um mergulho na realidade de sofrimento intenso enfrentado por mulheres encarceradas. Em especial, a angústia provocada pela separação de seus filhos, filhas e familiares, evidenciando as desigualdades entre homens e mulheres no cárcere, que refletem o sistema patriarcal ainda presente nos dias atuais.

Esse trabalho ganhou maior consistência com minha participação no mestrado em psicologia clínica na PUC/RJ. Durante as entrevistas no Patronato Magarino Torres com mulheres que saíram do sistema penitenciário, emergiram elementos significativos dessa realidade. O distanciamento dos laços familiares, a relação amorosa como um fator motivador para o crime, a dificuldade da sociedade em compreender o crime cometido por mulheres, a violência enfrentada no cárcere e as barreiras para reintegração social foram temas presentes nos relatos dessas mulheres. São vozes femininas que revelam um panorama real do encarceramento feminino, permeado por particularidades decorrentes da persistente desigualdade de gênero em nossa sociedade.

Este tema tem me desafiado e inquietado profundamente, e minha esperança é que também provoque desconforto nos leitores, impulsionando transformações mais consistentes e urgentes.

Contraordem

Mande não
Não mande
Não dê ordem
Voz de comando
Voz de prisão,
Vozes d'África
De solidão…
Ordem é corrente
de prisão.
Não mande
Senão notícias
Do coração!

Marcello Cerqueira (2017)

APRESENTAÇÃO

A partir da minha inserção na OAB-Mulher, Seccional Rio de Janeiro, no triênio de 2013-2015, me aproximei da realidade do sistema prisional brasileiro, especialmente do encarceramento feminino. Durante o período de 2016 e 2017 participei da associação Elas Existem mulheres encarceradas que tem por finalidade atuar em prol das mulheres que compõe o sistema penitenciário do Rio de Janeiro. No ano de 2016 tive oportunidade de realizar um trabalho com as mulheres do Hospital Psiquiátrico Penal Roberto Medeiros, pertencente ao Complexo de Gericinó em Bangu, no estado do Rio de Janeiro. E Hospital Psiquiátrico Penal Heitor Carrilo em Niterói no Estado do Rio de Janeiro. Esse trabalho se estendeu por 3 anos.

Essa experiência me possibilitou um maior aprofundamento nos problemas daquelas prisioneiras, que são uma convergência de três eixos de exclusão social — o fato de serem mulheres, terem cometido um delito e possuírem um grave sofrimento psíquico. Trata-se de uma especial conjuntura que torna as mulheres incluídas nesse contexto ainda mais invisíveis para a sociedade.

Durante esse percurso, me inseri no mestrado da PUC-RJ, no Programa de Pós-Graduação em Psicologia Clínica. Minha dissertação, intitulada *Abrindo as grades: repercussões do encarceramento feminino nas relações familiares*, foi desenvolvida sob a orientação das Professoras Doutoras Andrea Seixas Magalhães (orientadora) e Mayla Cosmo Monteiro (coorientadora), e foi aprovada em 19 de março de 2019 por uma banca examinadora que contou também com as Professoras Doutoras Thula Rafaela de Oliveira Pires e Cristina Ribeiro Dantas, do Departamento de Psicologia e do Departamento do Direito da PUC-RJ.

Este livro é fruto da pesquisa realizada para a dissertação de mestrado supramencionada. Para tanto, foram realizadas entrevistas no Patronato Magarinos Torres, unidade de atendimento às egressas do sistema penitenciário em cumprimento de pena restritiva de direito, que corresponde a uma alternativa à privação de liberdade. A pena restritiva de direito consiste na diminuição de um ou mais direitos da condenada, quais sejam: prestação pecuniária; perda de bens e valores; prestação de serviço à comunidade ou entidade pública; interdição temporária de direitos; e limitação de final de semana (TJDFT, 2018).

Durante os estudos e análises desenvolvidos, fizeram-se proeminentes as questões sobre o afastamento da mulher de sua família com a prisão em regime fechado e as repercussões do encarceramento feminino nas relações parento-filiais e nos laços familiares em geral, que constituem o ponto focal desta publicação.

Juliana Diniz Cerqueira

LISTA DE SIGLAS

BNMP	Banco Nacional de Monitoramento de Prisões
BOPE	Batalhão de Operações Policiais Especiais
CNJ	Conselho Nacional de Justiça
DESIPE	Departamento do Sistema Penitenciário do Rio de Janeiro
FUNAP	Fundação de Amparo ao Trabalhador Preso
INFOPEN	Levantamento Nacional de Informações Penitenciárias
IPEA	Instituto de Pesquisa Econômica Aplicada
ITTC	Instituto Terra, Trabalho e Cidadania
ONU	Organização das Nações Unidas
PAD	Prisão Albergue Domiciliar
SUS	Sistema Único de Saúde
TCLE	Termo de Consentimento Livre e Esclarecido
TJDFT	Tribunal de Justiça do Distrito Federal e dos Territórios
UMI	Unidade Materno-Infantil
UNOD	United Nations Office on Drugs and Crime (Escritório das Nações Unidas sobre Drogas e Crime)

SUMÁRIO

INTRODUÇÃO 21

PARTE I
O ENCARCERAMENTO FEMININO NO BRASIL 25

CAPÍTULO 1
O SISTEMA PRISIONAL FEMININO 27

CAPÍTULO 2
AS MOTIVAÇÕES DA MULHER PARA O DELITO 31

CAPÍTULO 3
OS ESTIGMAS SOFRIDOS PELA MULHER 37

CAPÍTULO 4
O APAGAMENTO DA SUBJETIVIDADE 43

CAPÍTULO 5
AS IMPLICAÇÕES PARA A MATERNIDADE 49

PARTE II
AS REPERCUSSÕES
NOS LAÇOS FAMILIARES 53

CAPÍTULO 6
A FRAGILIDADE DOS LAÇOS AFETIVOS 55

CAPÍTULO 7
A MATERNIDADE E O ENCARCERAMENTO 61

CAPÍTULO 8
GÊNERO E PRISÃO 65

CAPÍTULO 9
A FAMÍLIA APRISIONADA 71

CAPÍTULO 10
DEPOIS DAS GRADES 77

PARTE III
ANÁLISE DOS RESULTADOS DA PESQUISA 83

CAPÍTULO 11
A METODOLOGIA UTILIZADA 85

CAPÍTULO 12
A VIOLÊNCIA NO CÁRCERE 89

CAPÍTULO 13
A REDE DE APOIO 97

CAPÍTULO 14
VERGONHA, CULPA E REPARAÇÃO 101

CAPÍTULO 15
OS ABALOS NOS VÍNCULOS FAMILIARES 105

CAPÍTULO 16
OS EFEITOS DO CÁRCERE 113

CAPÍTULO 17
O "AMOR BANDIDO" 121

CAPÍTULO 18
A FAMÍLIA ATRÁS DAS GRADES 127

CONSIDERAÇÕES FINAIS 131

REFERÊNCIAS 143

INTRODUÇÃO

A desigualdade é uma marca significativa da sociedade brasileira. Em um cenário caracterizado por contrastes, os pretos e pardos correspondem a 72,7 % dos incluídos nos altos índices de pobreza e extrema pobreza. São 38,1 milhões de pessoas, sendo as mulheres o maior contingente desse montante, com 27,2 milhões (PONTE SOCIAL, 2023). Se observarmos os elevados níveis de desemprego e subemprego — uma das causas desse quadro —, mais uma vez é possível detectar o número significativo de mulheres enquadradas nessas situações. De acordo com o Instituto Brasileiro de Geografia e Estatística (GAZETA DO POVO), no terceiro trimestre de 2022 a taxa de desemprego foi de 7,5% para os homens e de 11,6% para as mulheres, ou seja, 54,7% maior.

Desde os primórdios da civilização, as mulheres ocupam um lugar de subalternidade na sociedade, sendo associadas ao perigo, ao mal e à contaminação. Os diversos discursos que reiteram essa disparidade alertam para a necessidade de uma constante reafirmação, demonstrando a artificialidade de uma construção social imposta como um padrão na hierarquia dos homens frente às mulheres, persistente até os dias de hoje (PITANGUY; ALVES, 2022).

Ao pensarmos a mulher de forma genérica, temos de levar em conta suas diversas intersecções — etnia, identidade de gênero e orientação sexual. A opressão de caráter racial aumenta a invisibilidade da mulher negra. Essa experiência remonta à época escravocrata e ao colonialismo, cujos reflexos ainda se fazem sentir na atualidade. O poder deslegitima certas identidades, privilegiando alguns grupos em detrimento de outros (RIBEIRO, 2019), dificultando com isso a mobilidade social.

O "não lugar" da mulher é ainda mais acentuado no cárcere. Essa realidade é muitas vezes imperceptível para a sociedade, aumentando a dificuldade para uma transformação. Aquilo que se esforça por permanecer oculto contribui para a estagnação. Assim, a invisibilidade da mulher se faz ainda mais evidente no universo prisional. A violência da exclusão carcerária reproduz a violência da exclusão econômica e social extramuros, efetivada por uma estrutura prisional seletiva que opera nas desigualdades entre negros e brancos e entre homens e mulheres (WACQUANT, 1999).

O Brasil, quando comparado ao cenário mundial, encontra-se na terceira posição no que se refere ao índice da população prisional feminina, tendo ultrapassado a Rússia no *ranking* dos países com mais mulheres encarceradas (*World Female Imprisonment List*).

O sistema penitenciário funciona em um registro punitivista, reproduzindo o modelo que prevalece na sociedade, onde tudo que é identificado como negativo é transformado em repulsa e rejeitado (SÁ, 1998). Nesse cenário, a detenta ocupa o lugar de dejeto. Como consequência, a repressão e a violência imperam no sistema carcerário, retroalimentando a dinâmica. A violência é naturalizada e até mesmo legitimada como ação do Estado para oferecer segurança pública. O manejo dos conflitos nessa chamada "zona do não ser" lança mão da violência como norma de atuação (PIRES, 2018).

Assim, a prisão funciona como um verdadeiro "depósito humano", cujos problemas são agravados pela superlotação. Os resultados são condições insalubres devido ao excesso de contingente, além da má qualidade da higiene e alimentação. Além disso, a ociosidade se soma à hostilidade e opressão experimentadas diariamente, potencializando a situação de violência vivida no cárcere.

Na prisão em regime fechado, é impossível não sucumbir à cultura prisional. A detenta passa a se acostumar com os ditames impostos rotineiramente. A partir da internalização dessa maneira de ser e agir, ela não mais se insurge contra os elementos que servem à manutenção do padrão de dominação. Vale destacar que esse mecanismo chamado de "prisionização" é inconsciente e, por isso, a possibilidade de transformação é mais difícil (BITTENCOURT, 1993/2017). O encarceramento corresponde também a uma morte social (BEATTINE, 2009/2017), e o existir passa a ser um ato de resistência diária.

Diante da detenção masculina, a família e os seus vínculos são preservados, mas o encarceramento feminino provoca maiores abalos na estrutura familiar, devido ao papel desempenhado pelas mulheres nos cuidados domésticos. Os dados da Fundação de Amparo ao Trabalhador Preso (FUNAP) confirmam essa realidade, apontando que apenas 20% das crianças ficam sob a guarda do pai quando a mãe é presa, enquanto quase 90% dos filhos de presos homens permanecem sob os cuidados da mãe (RELATÓRIO..., 2007). Diante de situações que demandam uma reorganização do sistema familiar — principalmente no que se refere aos papéis exercidos por mães e pais dentro da família —, prevalece o modelo patriarcal.

Apesar dos inegáveis avanços conquistados pelas mulheres nos planos afetivo, profissional e social, particularmente a partir de meados do século passado, a dominação do masculino sobre o feminino ainda hoje permeia o imaginário coletivo. As desigualdades de gênero se acentuam com as situações de privação de liberdade. Nas condições de cárcere, a mulher se encontra fortemente estigmatizada por ter rompido a expectativa social que determina o seu lugar como um ser ilibado, não passível de cometer um delito. Como resultado, o lugar que lhe é reservado é de absoluta invisibilidade.

Segundo o Levantamento Nacional de Informações Penitenciárias (Infopen), 74% das mulheres que ingressam no sistema penitenciário são mães (SANTOS, 2017). Dessa forma, o encarceramento feminino recai sobre a família como um todo, cabendo na maioria das vezes às avós e tias assumir o cuidado com as crianças. O sistema penitenciário reproduz em maior escala o circuito de violência e discriminação vivido na sociedade. O aprisionamento da mulher afeta não somente a ela, pois reverbera nas relações familiares. Trata-se, portanto, da instauração de um ciclo punitivo opressor que se reflete na família como um todo, especialmente na vida dos filhos e filhas.

A sociedade reforça o sentimento de exclusão vivido pela egressa, enfraquecendo a percepção de si mesma como um ser social e, com isso, aumentando as chances de reincidência (BARRETO, 2006). Na atualidade, percebe-se claramente uma diminuição do Estado social e um forte incremento do Estado penal (FIGUEIRÓ; MELO; MARTINS, 2017). Como consequência, verifica-se o recrudescimento das penas impostas, com sanções mais pesadas e uma opção preferencial pelo regime fechado. Por outro lado, as políticas de reinserção da egressa no universo laboral e social são praticamente inexistentes.

PARTE I

O ENCARCERAMENTO FEMININO NO BRASIL

– O sistema prisional feminino

– As motivações da mulher para o delito

– Os estigmas sofridos pela mulher

– O apagamento da subjetividade

– As implicações para a maternidade

CAPÍTULO 1

O SISTEMA PRISIONAL FEMININO

Segundo o Conselho Nacional de Justiça (CNJ), de um total de 602 mil detentos que compõem a população prisional brasileira, 5% são mulheres (BANCO NACIONAL DE MONITORAMENTO DE PRISÕES — BNMP 2.0, 2018). Um dado que salta aos olhos é o crescimento alarmante do segmento feminino verificado nos últimos anos. Durante o período de 2000 a 2016, o número total de presos cresceu 220%, enquanto o número de mulheres aumentou três vezes mais (656%). Quase a metade desse total (45%) são presas provisórias (SANTOS, 2017).

O resultado dessa dinâmica de superencarceramento é o agravamento do problema de superlotação carcerária. Em função da ausência de políticas públicas voltadas para a população carcerária feminina, são ignoradas as especificidades de gênero. Apenas 7% dos presídios tiveram seu projeto arquitetônico detalhado para abrigar mulheres, e a sua ocupação é de 156%. Isso significa que em um espaço planejado para dez mulheres encontram-se confinadas dezesseis. Em 48% das unidades prisionais há um índice que excede uma pessoa por vaga, sendo que em 11% delas a situação é de quatro pessoas ou mais por vaga (RELATÓRIO..., 2007).

As situações vividas dentro do sistema carcerário impõem outros desafios complexos, além da falta de espaço — os ambientes mal iluminados e ventilados; a precariedade da assistência jurídica; o crescente aumento da tuberculose; e as dificuldades em acessar os cuidados básicos com a saúde (WACQUANT, 1999). Em estudo mais recente (CAD. SAÚDE PÚBLICA, 2023), os quadros de tuberculose na população carcerária se mantêm de maneira significativa, em oposição à população em geral, que conseguiu atingir um decréscimo importante.

A hostilidade e opressão experimentadas diariamente agravam a situação de violência vivida no ambiente. Na prisão em regime fechado, é praticamente impossível não sucumbir à cultura prisional. Assim, a detenta passa a se acostumar com os ditames impostos rotineiramente. A partir da internalização dessa maneira de ser e agir, ela não mais se insurge contra os elementos que mantêm o padrão de dominação. Esse mecanismo de "prisionização" é inconsciente e, por isso, mais difícil de ser enfrentado (BITTENCOURT, 1993/2017). O encarceramento corresponde também a uma "morte social" (BEATTINE, 2009/2017), e o simples existir passa a ser um ato diário de resiliência.

Além da truculência dos agentes penitenciários, a rotina na cadeia é marcada pela ociosidade, a falta do banho de sol e a precariedade de serviços básicos, como a qualidade da alimentação e a carência dos produtos de higiene pessoal. Esses últimos costumam ser supridos nas visitas por familiares, que são em sua maioria de baixa renda, mas mesmo assim se sacrificam para fornecer os itens de higiene e alimentação que deveriam ser garantidos pelo Estado (BASSANI, 2016). Entretanto, muitas vezes essa prática esbarra em um problema. Cada unidade tem uma regra particular para aceitação dos itens que podem ser entregues aos detentos. Essas normas são modificadas sem aviso prévio, e quando isso acontece os visitantes são obrigados a inutilizar os produtos trazidos.

As condições adversas desse ambiente inóspito são agravadas pelo discurso dos funcionários do presídio dirigido às mulheres encarceradas, sempre as qualificando como "*loucas, difíceis, piores do que os homens, pouco solidárias, competitivas*", entre tantos outros adjetivos pejorativos. Na realidade, esse tratamento depreciativo por parte dos agentes penitenciários é repetidor do padrão social de opressão à mulher. Ao reproduzir a dinâmica sexista extramuros, favorece a manutenção de um rótulo negativo e espelha um estigma predominante na sociedade (BIROLI, 2018).

Voltado para uma mulher que cometeu um crime, esse preconceito ganha contornos ainda mais perversos. O estigma impõe uma condição de docilidade e passiva submissão, segundo normas rígidas estabelecidas para sua atuação no mundo que a subjuga. Se ousar romper com essas regras, a mulher será relegada pela sociedade à marginalização e ao esquecimento. Só lhe resta construir sua identidade, inclusive seus pontos de vulnerabilidade, a partir dessa marca cultural que promove as especificidades de gênero impondo comportamentos e a forma de expressão dos sentimentos (ZANELO, 2017). Vale destacar que a vulnerabilidade é um dos alicerces do poder (BAUMAN; DONSKIS, 2014).

Desde cedo, ensina-se às crianças que existem "coisas de meninas" e "coisas de meninos", separando esses dois universos. Ao invés de promover um acolhimento das diferenças entre homens e mulheres, a sociedade como um todo — e o espaço prisional em particular — utilizam as diversidades de gênero como instrumento de segregação e punição.

Nos tempos atuais em que vivemos, o medo é um componente constante que paira sobre o nosso cotidiano. Para Bauman e Donskis (2014), o medo tem a linguagem da incerteza, da insegurança e falta de proteção. Nesse cenário ameaçador, a figura do bandido encarna aquilo que é mais temido — o que se encontra no outro, na sociedade e dentro de cada um de nós. Ao negar essa condição em si mesmo e projetá-la no outro, a condenação judicial e o encarceramento são utilizados como uma tentativa ilusória de manter afastada uma parte significativa da nossa humanidade. Por isso, a satisfação obtida por meio do julgamento e da imposição de sofrimento a outra pessoa é um elemento tão marcante na contemporaneidade.

No Brasil, 45% das mulheres presas encontram-se em regime fechado aguardando para serem julgadas (SANTOS, 2017). Muitas vezes, constata-se após o julgamento que a prisioneira cumprira mais tempo de pena do que lhe foi sentenciado. A obsessão por segurança que resulta do medo é um elemento que vai contribuir para as detenções arbitrárias (BAUMAN; DONSKIS, 2014) e para as prisões preventivas que ultrapassam de longe o tempo permitido por lei para se manter um confinamento sem condenação:

> O principal efeito da obsessão com a segurança é o rápido crescimento (e não a redução) da sensação de insegurança, com todos os acessórios de pânico, ansiedade, hostilidade, agressão, mais o esvaziamento ou supressão dos impulsos morais (BAUMAN; DONSKIS, 2014, p. 127).

A violência dentro do sistema carcerário se apresenta com inúmeras facetas, que causam consideráveis problemas para a saúde mental das mulheres. As prisões garantem a manutenção do projeto patriarcal de controle dos corpos femininos, castigados por terem rompido com o padrão estabelecido pela sociedade (FARIAS, 2017). Acirrando o medo e a culpa como instrumento de correção, o que impera no ambiente da prisão é o controle com a mera finalidade de domesticar.

De acordo com Goffman (1961/1974), as prisões são instituições totais, isto é, estabelecimentos que erguem barreiras para segregar o seu interno do mundo exterior, administrando formalmente sua vida. Nem mesmo os horários de dormir e se alimentar ficam por conta da gerência própria da detenta, privada de qualquer tipo de gestão autônoma da rotina de sua existência. Essa dinâmica provoca um impacto negativo na estrutura egoica do sujeito, propiciando baixa autoestima e favorecendo a instalação de patologias mais graves.

Um dos recursos utilizados nesses espaços para garantir a manutenção do controle e subjugação é o uso indiscriminado de medicações "calmantes". Salvo situações em que o seu uso é realmente indicado, muitas vezes o que se apresenta na forma de um ato de cuidado está a serviço de uma doutrinação dos corpos (MAGNO, 2017). É por meio de instrumentos como esse que a sociedade patriarcal impõe a censura a uma condução espontânea dos corpos femininos (FARIAS, 2017).

A dominação masculina incide de maneira inconsciente nas mulheres, e os corpos socializados submetidos a essa ordem são mais facilmente cooptados (BOURDIEU, 1998/2017). São mulheres que se veem obrigadas a conviver com a violência e a culpabilização social, por não fazerem parte de um modelo preestabelecido. Essa realidade opressiva tem o seu ápice no crescente aprisionamento de mulheres (FARIAS, 2017).

O esforço disciplinar de padronização é voltado para a anulação das diferenças, aniquilando as concepções que cada um tem de si mesmo e reforçando o estigma de periculosidade, com o objetivo final de proteger a sociedade dos desviantes (GOFFMAN, 1961/1974). Essa proteção se dá não só pelos muros da prisão que isolam o delituoso do restante da esfera social, mas também pelas estratégias de domínio dentro da instituição (FARIAS, 2017). Os muros são na realidade uma tentativa de apartar a sociedade de seus próprios problemas e conflitos (BARATTA, 2011).

Essa estratégia de retirar do universo social os seus dejetos se traduz em práticas de higienização, culminando em políticas de exclusão que encarceram negros, pobres e mulheres em uma narrativa da delinquência e criminalidade impregnada por racismo, aporofobia e misoginia, tendo como respaldo final o poder judiciário (FARIAS, 2017).

Apesar de não ser o único fator, a miséria é um grande causador da criminalidade. No entanto, a política se apresenta de forma cada vez mais punitivista e não reforça a educação, que seria a estrutura social de base para a transformação desse quadro.

CAPÍTULO 2

AS MOTIVAÇÕES DA MULHER PARA O DELITO

A dificuldade financeira é apontada por muitas mulheres como a maior motivação para a entrada no mundo do crime (BASSANI, 2016; FERNANDES; BOITEUX; PANCIERE; CHERNICARO, 2015; ITTC, 2017; SALMASSO, 2004). A ocupação relacionada ao tráfico de drogas possibilita que a mulher desempenhe uma atividade rentável dentro da própria casa (FERREIRA; BENDLIN; HORST; DELAPORTE; GOMES, 2015; SILVA, 2015), tornando esse tipo de delito o maior responsável pelo seu encarceramento. Mais precisamente, o tráfico de drogas representa 62% dos crimes femininos, o que significa dizer que, a cada cinco condenações de mulheres, três foram por esse tipo de delito (SANTOS, 2017).

Na grande maioria dos casos, as famílias de detentas eram chefiadas pela figura feminina antes do encarceramento (BADARÓ, 2012; SILVA, 2015; INSTITUTO TERRA, TRABALHO E CIDADANIA — ITTC, 2017). A preocupação com o sustento dos filhos se mantém presente no cárcere para essas mulheres, que costumam reverter para a família as quantias recebidas nos pequenos trabalhos realizados na cadeia (SECRETARIA ESPECIAL DE POLÍTICAS PARA AS MULHERES, 2007; BADARÓ, 2012).

O peso do protagonismo da mulher como responsável pelo sustento da família acentua sua vulnerabilidade, prejudicada ainda pela desigualdade de gênero e pela discrepância salarial no mercado de trabalho. Pressionadas pela dificuldade na manutenção econômica e pela precariedade da sua rede de apoio, muitas vezes elas fazem a opção pelo tráfico de drogas, onde geralmente ocupam funções subalternas (SANTOS, 2017).

Dentre as presas por tráfico, 35% foram flagradas tentando entrar nos presídios com drogas, quase sempre destinadas aos seus companheiros, filhos ou outros familiares presos (FARIAS, 2017). Esse dado aponta como principais motivações para o envolvimento com as drogas as relações afetivas — em especial a relação amorosa (BASSANI, 2016). A subjetividade feminina se define dentro de um universo com o predomínio do masculino e tem como um de seus alicerces as ligações de afeto com a figura do homem. As relações socioculturais vão constituindo as representações do feminino e do masculino. Dentro desse contexto a liberdade da mulher é limitada, legitimando uma realidade desigual que produz a sujeição.

De acordo com Beauvoir (1949/1970), o corpo e a subjetividade estão interligados e, na mulher, se não estiverem referidos ao parceiro, estão destituídos de significado. O "eu" feminino é constituído para o outro, de tal modo que a mulher precisa da legitimação do homem para se reconhecer enquanto sujeito. Dentro dessa concepção, a mulher "se aceita no inessencial com a condição de se reencontrar como essencial em sua abdicação" (BEAUVOIR, 1949/1970, p. 101). Essa ideia é complementada pelo princípio de que a identidade, entendida como ideal, seria concedida a partir do homem.

A felicidade para a mulher estaria na relação amorosa, que tem em sua base a renúncia de si própria. Ao mesmo tempo, a ligação afetiva proporcionaria a confirmação da sua existência. Esses preceitos sociais indicam que a mulher deve se sacrificar pelo homem, que é o seu complemento, e ela deve estar incondicionalmente ao seu lado. Em um dado momento, isso irá favorecer a escolha do delito como prova de amor (BASSANI, 2016).

Essa percepção representa a concepção masculina de que a mulher não se define por si só, mas em relação ao homem, o que equivale a dizer que a mulher não é "pensável" sem o seu parceiro (BEAUVOIR, 1949/1970). Essa diretriz opera de forma inconsciente nas mulheres, balizando suas escolhas. É preciso levar em conta que a concepção feminina sobre si mesma e sua atuação no mundo modificou-se substancialmente ao longo do tempo, e ganharam vultosas conquistas em direção à equidade entre os gêneros. Entretanto, ainda há um longo caminho a percorrer na desconstrução da "sexualização" e "objetificação" da mulher.

Ao desencadear a violência contra a mulher, essa desigualdade de gênero irá favorecer sua inserção na criminalidade. A opressão vivida por ela nas esferas familiar, laboral e acadêmica, fruto de uma sociedade patriarcal, tem como resultado a exclusão e está diretamente ligada ao seu ingresso nesse mundo (SANTIAGO; SALIBA, 2016).

Esse registro patriarcal está presente tanto na origem do delito feminino quanto no funcionamento do sistema prisional encarregado de sua punição. Transposta para o cárcere, a estrutura social sexista ganha dimensão ainda maior, aludindo a épocas remotas em que o papel da mulher era desvalorizado e pouco expressivo. Assim, a invisibilidade da mulher em diversas esferas da sua vida é acentuada no ambiente do cárcere.

Os padrões relacionados ao imaginário feminino retratam as mulheres como criaturas dóceis, submissas e maternais. Essas características favorecem sua cooptação para o universo delitivo, pois elas seriam supostamente inaptas para as práticas criminosas e, consequentemente, menos visadas (CARRILHO, 2017). Em função disso, a mulher desempenha funções de menor valor e responsabilidade na hierarquia do tráfico, como o "vapor", no empacotamento às drogas; a "mula", no transporte; e "olheiro", na vigilância. A iniquidade de gênero também permeia a inserção feminina no tráfico de drogas, reproduzindo a estrutura desigual da sociedade. As próprias mulheres reconhecem que essa é uma atividade em que o poder é exercido pelo homem (BIANCHINI, 2012; SOARES; ILGENFRITZ, 2002).

Essas relações refletem as posições ocupadas por homens e mulheres no mercado de trabalho. Dessa forma, o microcosmo do cárcere reproduz a desigualdade de gênero, correlacionada com a criminalidade (CARRILHO, 2017). Ocupando um lugar de baixo escalão nesse universo, a mulher exerce atividades com alto nível de exposição, o que favorece o seu aprisionamento (BIANCHINI, 2012).

Segundo pesquisa de Bassani (2016), muitas vezes o tráfico de drogas não é considerado pela própria mulher como um ato de criminalidade. Quando a opção por esse tipo de transgressão foi determinada por imperiosa necessidade de subsistência, uma ligação afetiva ou o status ambicionado, ela não se reconhece como uma criminosa.

A identidade se constitui a partir das interações, principalmente as relações no âmbito social (BOURDIEU, 1998/2017). As representações sociais são compostas de proposições, reações e avaliações que se organizam de diversas formas, de acordo com a cultura e o grupo no qual o sujeito está inserido. É com base nessas representações que as pessoas se enquadram em categorias (MOSCOVICI, 1978). Assim, as mulheres que se envolvem com o tráfico de drogas em função de vínculos afetivos se enxergam por uma ótica diferente da sociedade em geral e do sistema jurídico em particular (COSTA, E., 2008). Ao levar em conta as motivações que as levaram ao delito, elas não se sentem criminosas.

Muitas vezes, o tráfico é a única forma de inserção no mundo do trabalho. Mas essa escolha também é feita com base no poder e no status oferecidos por essa atividade, proporcionando maior força em relação aos homens e o respeito das outras mulheres. A busca de poder é um fator de estímulo para o ingresso no mundo do crime, mas ainda assim ela continuará imersa na subordinação ao masculino. A "mulher de bandido" ou a "mulher fiel" (aquela que deve manter fidelidade ao companheiro que se encontra na prisão) é submetida a regras bem estabelecidas nesse meio. A primeira delas é a exigência de se manter leal, mesmo que não deseje mais o relacionamento. Nesses casos, é o temor de uma retaliação pelo grupo que a leva a comparecer às visitas levando mantimentos. Essas mulheres, quando conseguem fazer uma escolha amorosa diferente, se referem ao novo parceiro como "trabalhador", sinalizando que fizeram uma nova opção de vida. Nesse sentido, fica claro que a escolha relacional aponta para uma construção identitária feminina (BARCINSKI, 2009).

Como vimos, as características historicamente atribuídas à natureza da mulher — a fragilidade, mansidão e doçura — a tornam mais vulnerável à violência. Ao reproduzir essa violência, a mulher se identifica com o agressor e realiza ativamente o que sofreu de forma passiva (ALMEIDA, 2001). A via do ato criminoso lhe permite se opor à opressão das organizações sociais, mas ao mesmo tempo ela ainda reproduz o papel de subserviência ao homem na hierarquia do tráfico, desempenhando a função de resistência e de repetição. Assim, o contexto do tráfico permite que ela se identifique simultaneamente com a transgressão e a submissão (BARCINSKI, 2009).

A transgressão pode ser pensada também como uma forma de se opor às normas e aos valores instituídos que, em muitos momentos, oprimem o sujeito. Os "modos de viver e morrer" seriam, nessa perspectiva, subvertidos (ALMEIDA, 2001). O transgredir estaria indo de encontro aos ditames impostos pela cultura vigente ao papel da mulher.

Por outro lado, cerca de 6% das mulheres presas em regime fechado foram condenadas por homicídio (SANTOS, 2017). Para a sociedade, associar a figura feminina a esse tipo de crime é algo de difícil compreensão. Na tentativa de explicar essa situação, a mulher que mata passa a ser vista como alguém "movida por forte emoção". Essa concepção procura trazer certa benevolência para com a mulher assassina, mas também está baseada no entendimento da mulher como um ser emocional, capaz de cometer um ato extremo desses como "uma tentativa de ser vista, fazer prevalecer seus sentimentos e limites".

A representação feminina sobre a condição de assassina se organiza em torno das motivações da legítima defesa da honra, vingança ou a necessidade de se libertar da figura masculina opressiva (ALMEIDA, 2001). Dessa forma, o crime de homicídio está relacionado à opressão vivida pela mulher, tanto no espaço doméstico como no meio social e laboral.

É preciso também articular os aspectos referentes a gênero, classe e cor, pois esses elementos estão diretamente associados à construção da identidade (BARCINSKI, 2009). Para a mulher, o homicídio costuma ser uma forma de defesa diante de insuportáveis sofrimentos e privações impostos pela vida cotidiana. Nessas condições, o crime concretiza uma busca de significação, um reencontro consigo mesma, em oposição ao viver a partir das acepções do outro (ALMEIDA, 2001).

Frequentemente a origem das razões para o crime feminino está inserida no âmbito doméstico. Como o tráfico é uma atividade que pode ser realizada em casa, a mulher vivencia o seu poder, mas continua aprisionada dentro do universo familiar. É significativo que, tanto no homicídio passional quanto no ligado ao tráfico de drogas, a motivação é afetiva, podendo ser um ato de amor pelo parceiro, ou pelo sustento dos filhos e filhas.

Segundo dados coletados por Soares e Ilgenfritz (2002) sobre a história de violência vivida pelas prisioneiras no estado do Rio de Janeiro, 95% dessas mulheres sofreram violência física, psicológica ou sexual ao longo da vida por seus responsáveis, parceiros ou policiais. Desse total, 75% foram vítimas de dois desses tipos de agressões e 35% sofreram violência em todas as situações mencionadas.

Cerca de 80% das mulheres que se encontram no cárcere sofreram violência física, sexual ou psicológica nas suas famílias de origem e posteriormente foram agredidas por seus companheiros. Torna-se evidente a transmissão geracional da violência e a repetição desse padrão agressivo nas escolhas afetivas. Esse mecanismo de transmissão psíquica geracional exerce uma interferência crucial na construção da identidade da mulher. Uma forte influência dos padrões experienciados na família de origem persevera e se mantém como balizador de futuras escolhas

(GOMES, 2005). As posições binárias assumidas por homens e mulheres no curso da relação conjugal, tais como superior-inferior, ativo-passiva, relacional-emocional e dominador-submissa (DINIZ, 2013), consolidam os papéis de gênero e constituem um obstáculo para a mudança.

Esses dados alarmantes são observados também em outros países. Nos Estados Unidos, quase metade das prisioneiras sofreu abuso físico e sexual antes do encarceramento. No relato dessas mulheres, sua reação violenta voltada contra o companheiro aparece quase sempre como tentativa de autoproteção.

No Brasil, 70% das presas relataram ter sofrido violência policial, enquanto 24% foram agredidas na prisão por agentes penitenciários e colegas de confinamento (SOARES; ILGENFRITZ, 2002). O tráfico de drogas é o crime que mais encarcera mulheres, e 76,47% delas revelaram ter familiares e amigos envolvidos com esse tipo de delito, com um índice de 31,82% para seus companheiros (MORETTO, 2014).

De acordo com Winnicott (1979/1990), o indivíduo não existe isoladamente. O que existe é o indivíduo em relação ao seu meio externo, ou seja, a constituição do sujeito é considerada a partir da estrutura ambiente-indivíduo. Em um primeiro momento, considera-se o par relacional, para posteriormente a unidade do indivíduo ser constituída. Dessa forma, a saúde mental se estabelece a partir das interações do indivíduo com o meio. Isso explica a repetição de situações traumáticas transgeracionais (GOMES, 2005) e o papel do ambiente nas escolhas de vida do sujeito.

A partir dessas considerações, é possível compreender a perpetuação do padrão de violência ao longo da vida dessas mulheres. De maneira passiva ou ativa, elas revivem essa experiência abusiva e traumática. Dentro dessa dinâmica, é possível correlacionar desigualdade e crime. O estigma vulnerabiliza a mulher e funciona como elemento central que baliza as suas escolhas, que, mesmo de forma inconsciente, serão feitas no sentido da manutenção do papel de inferioridade designado ao feminino ou na direção da busca por transformação.

CAPÍTULO 3

OS ESTIGMAS SOFRIDOS PELA MULHER

A discriminação vigente no sistema prisional feminino reproduz o padrão de violência sofrido pelas mulheres ao longo da história. Assim, o cárcere foi pensado por homens e para homens. Essa distorção baseia-se na quantidade menor de mulheres no sistema penitenciário em relação aos homens, mas também no ideário patriarcal que promove aversão à figura da mulher criminosa, evidenciando que a criminalização da mulher está calcada em questões relativas ao gênero (SILVA, 2015; ALVES, 2016; CARRILHO, 2017).

Os dados apontados pelo Infopen (SANTOS, 2017) demonstram o caráter seletivo da instituição penal, refletindo a segregação racial que prevalece em nossa sociedade. A maioria das mulheres é jovem, entre 18 e 29 anos de idade, negra e de baixa escolaridade (RELATÓRIO..., 2007). O sistema prisional é pautado pela perspectiva racial, de tal modo que os brancos têm mais acesso a punições alternativas, enquanto aos negros são comumente imputadas as medidas de restrição de liberdade (INSTITUTO DE PESQUISA ECONÔMICA APLICADA — IPEA, 2015).

Zamora (2012) destaca que essa desigualdade determina quais são as pessoas merecedoras de uma vida digna, com seus direitos preservados, e quais não terão protegido o seu direito à vida. Dessa forma, os valores e crenças vigentes em nossa sociedade que promovem a desigualdade racial, de gênero e classe social são acentuados nas condições de encarceramento.

O patriarcado construiu posições hierárquicas para homens e mulheres, com a primazia do masculino sobre o feminino. A ideologia patriarcal organiza a estrutura de poder validando a desigualdade de gênero, com a subjugação do feminino pelo masculino (SAFFIOTI, 2004/2015). As rígidas disposições que ditam as normas no âmbito social geram estereótipos de grande alcance e penetração, que persistem e consolidam sua afirmação ao longo do tempo (CHESCKYS, 2014).

Bourdieu (1998/2017) chama atenção para a violência simbólica. Considerada uma condição natural, ela favorece a perpetuação da dominação. Assim, a desigualdade entre os gêneros se pauta também pela diferença biológica, justificando a assimetria entre o masculino e o feminino.

Por outro lado, para Badinter (1980/1985) a definição do papel reservado à mulher não pode ser explicada apenas em função dos elementos da natureza, mas também por valores culturais transmitidos de forma tão imperativa que obstruem a expressão do desejo. Segundo essa autora, mesmo em períodos arcaicos a história da família já se caracterizava pelo poder paterno conferido pela autoridade marital, que outorga o direito de julgar e punir. As virtudes da mulher eram a submissão e a docilidade. Sua tarefa consistia na obediência e seu atributo maior era se calar. Citando Rousseau, Badinter afirma que a mulher continua a ser um indivíduo relativo e definido em relação ao homem. Mesmo após conquistas sociais importantes, ainda permanece nessa posição de anulação de si mesma em detrimento do outro.

Ainda de acordo com a autora, o mito do amor materno estabelece a naturalização do amor espontâneo de toda mãe por seus filhos. Dentro dessa construção social, a criminalidade da mulher que é mãe configura uma atitude de desamor. Quando expressam a dor pela saudade de seus filhos, as sentenciadas costumam ouvir que "deveriam ter pensado neles antes de cometer o delito". Quanto à tristeza pelo distanciamento, é interpretada como um "merecido castigo".

Dentro dessa lógica, a transgressão corresponde à negação da maternidade e, por extensão, do próprio papel feminino. Na concepção patriarcal, a mulher não existe para si mesma, mas para o homem. A partir desse modelo relacional, ela estaria mais preparada para viver para e pelo seu filho (BADINTER, 1980/1985).

Essa subjugação torna a compreensão do delito feminino algo de difícil assimilação pela sociedade. A transgressão da mulher é julgada com base no conceito de "dupla desviância" — o primeiro desvio de conduta é o ato ilegal cometido; o segundo, relativo aos papéis de gênero (FERREIRA *et al.*, 2015).

Ao violar o lugar mítico da mãe, isto é, a vinculação da maternidade ao sagrado, a mulher passa a ser julgada pelas leis sociais. Essa ação condenatória se estende aos filhos e toda a rede familiar. Silva (2015) também reflete sobre a figura materna na sociedade e reforça a ideia de que, ao não cumprir com os ditames impostos socialmente, ela é depreciada. Nesse caso a condenação se dá não só pelo ato ilícito, mas pelo julgamento moral que é transferido da prisioneira à sua família, estendendo a repulsa social a todos os seus membros. Esse processo de estigmatização vivido de forma tão intensa favorece a invisibilidade da mulher e da família como um todo.

Essa atribuição desigual de papéis de gênero perpetua as situações de violência. Segundo Diniz (2013), a construção identitária da mulher é fortemente marcada pelo estigma social que mantém a desigualdade de gênero, promovendo uma autodesvalorização que afeta a construção da autoestima. Essa autora retoma o conceito de Soihet (1997) sobre violência simbólica, definido como o processo de internalização das prescrições normativas que origina um esvaziamento de um discurso próprio sobre a identidade. As mulheres permanecem coladas ao discurso institucional:

> A falta de uma voz própria provoca a internalização de prescrições normativas de forma tão intensa que elas se tornam incapazes de questionar esses discursos e de subverter a ordem identitária e a ordem social que eles impõem (DINIZ, 2013, p. 209).

Os corpos femininos estão submetidos às leis e aos tabus, em oposição a uma vivência libertária que corresponderia a um real sentimento de integridade e felicidade (BEAUVOIR, 1949/1970).

A maioria das mulheres encarceradas é marcada ao longo da vida pela desigualdade econômica, racial e de gênero (SILVA, 2015; CARRILHO, 2017). As vivências no cárcere acabam por naturalizar as assimetrias já existentes, resultando na incorporação do preconceito e estigma como elementos intrínsecos e inalteráveis. A ideologia dominante perpetua a discriminação e subordinação desse segmento social historicamente oprimido.

A desigualdade entre homens e mulheres é facilmente detectada nos dias de visitação. As filas do presídio masculino são imensas, enquanto no feminino são ínfimas (SECRETARIA ESPECIAL DE POLÍTICAS PARA AS MULHERES, 2007). Enquanto 62,06% das mulheres não recebem nenhum tipo de visita, 65,2% dos homens recebem visitas das suas companheiras (BRASIL, 2008).

Diniz (2015) assinala que no presídio feminino a grande maioria dos visitantes é de outras mulheres — mães, filhas e amigas. Esse círculo formado em torno da prisão é chamado pela literatura sociológica de "aprisionamento secundário".

Com a condenação por um delito cometido, a mulher rompe o lugar mítico de mãe, e para a sociedade torna-se "indigna de continuar ocupando o papel de esposa e exercer a maternidade". Diante dessa situação, a grande maioria dos homens abandona suas parceiras, filhos e filhas. A prevalência do caráter patriarcal de nossa sociedade estimula o abandono da mulher nas situações de encarceramento e estimula o homem à imediata reconstrução da sua vida amorosa (BASSANI, 2016).

A desigualdade de gêneros se reflete também nos encontros íntimos nas prisões. É significativo que as mulheres só tenham sido contempladas com o direito a esse tipo de visita no ano de 2002, quase 20 anos depois da sua implantação nos presídios masculinos (VARELLA, 2017). Ainda assim, na prática são poucas as unidades penitenciárias que permitem a visita íntima para mulheres, que só têm esse direito facilitado quando têm um companheiro no sistema, já que nessa situação a concessão é dada ao homem.

Na realidade, o duplo padrão moral vigente na sociedade como um todo se intensifica nas situações de cárcere, cujo modelo se organiza em torno da repressão à mulher, enquanto para os homens a atividade sexual é valorizada (CHESKY, 2014). Dentro do sistema penitenciário, o sexo para o homem serve para descarregar seus impulsos agressivos e produzir um estado de calma (BASSANI, 2016). Assim, cumpre uma função de contenção da violência, enquanto para as mulheres é considerado um tabu (QUEIROZ, 2011).

O Estado só autorizava a visitação íntima do cônjuge do sexo oposto, excluindo outras possibilidades de parceria amorosa, como as relações homoafetivas. Assim, as mulheres precisavam cadastrar suas companheiras na categoria de "amigas", e isso apenas na contingência de não ter familiares. Assim, para receber a visita de sua parceira era preciso retirar do rol de visitação todos os parentes, inclusive os filhos. Frinhani e Souza (2005) acrescentam que essas regras são mais rígidas no presídio feminino, onde a permissão para o encontro só é autorizada ao parceiro fixo, o que não acontece no universo masculino. Essa situação é reveladora do preconceito que ainda permeia a sociedade, interditando à mulher o acesso ao próprio corpo, ao prazer e ao exercício da feminilidade.

Com a entrada em vigor da Resolução 175 (BRASIL/CONSELHO NACIONAL DE JUSTIÇA — CNJ, 2013), que regularizou o matrimônio entre pessoas do mesmo sexo e a conversão em casamento civil das uniões estáveis homoafetivas, era de se esperar que as presas obtivessem o direito à visitação de seus cônjuges, sem a necessidade de excluir os familiares. Porém, na prática, essa condição é quase inexistente (RELATÓRIO..., 2007).

Queiroz (2015) enfatiza que o preconceito continua institucionalizado, como fica claro no seguinte trecho da resolução do Ministério da Justiça que concede o direito à visita íntima às mulheres:

> [...] não se pode desconhecer a grave problemática que os estabelecimentos penais enfrentam quanto à abstinência sexual dos presos, geradora não só de danos fisiológicos pessoais, como de desvios propiciantes da larga prática do homossexualismo (QUEIROZ, 2015, p. 201).

É visível que os estereótipos masculinos e femininos prevalecem dentro do sistema prisional e afetam homens e mulheres de maneira desigual. Esse contexto favorece uma ruptura da conjugalidade preexistente ao encarceramento, e dificulta a possibilidade de novos vínculos amorosos.

A dificuldade na manutenção dos laços afetivos anteriores à prisão e a reação ao sofrimento diante do isolamento e desamparo vividos influenciam de forma diferenciada o comportamento feminino e o masculino. A atitude tipicamente feminina de "falar mais alto" pode ser um apelo para ser ouvida e compreendida, mas também um gesto de resistência à opressão trazida pela experiência do confinamento (MAGNO, 2017). As marcas da submissão, dominação e violência irão reverberar de forma persistente na construção identitária da mulher.

CAPÍTULO 4

O APAGAMENTO DA SUBJETIVIDADE

Segundo Goffman (1961/1974), o ambiente no interior do sistema penitenciário estabelece uma dificuldade para se manter relações de afeto e impõe uma anulação da singularidade, o que produz uma mortificação ou mutilação do "eu". A experiência da cultura prisional permeia a subjetividade das mulheres, que passam a se estruturar dentro de uma construção de dominação e subjugação.

O trabalho de socialização incute no feminino as características de abnegação, resignação e silêncio (BOURDIEU, 1998/2017). Trata-se de uma construção cultural preexistente, que é potencializada no interior do sistema carcerário. Essa dinâmica gera uma forma de operar onde a submissão é um mecanismo de defesa, uma tentativa de sobrevivência em um meio gerido por imperativos de obediência, vigilância e brutalidade.

De acordo com Prado (2013), nas situações em que imperam a dominação e o totalitarismo, o medo vivido dificulta a representação psíquica e produz uma experiência de extremo desamparo. Se estendermos essa reflexão para o ambiente carcerário, teremos dificuldade para distinguir entre o que corresponde à destruição do psiquismo e a falência do mundo exterior.

O presídio é um aparato voltado para a contenção e correção que se alimenta de polaridades. Uma delas é a crueldade, que incita à abjeção. A tirania se origina do medo, que por sua vez produz comportamentos de servidão. Esses elementos são amplamente utilizados nas instituições prisionais, e estão diretamente ligados à construção da culpa e sua respectiva punição.

A imbricada relação entre o medo e a esperança acompanha o ser humano ao longo da vida. Nas situações de privação o medo torna-se uma constante e com isso a desesperança alcança o seu ápice, expondo a impotência e trazendo o desespero. De acordo com Chauí (1987, p. 59), "O medo é uma tristeza instável nascida da ideia de uma coisa futura ou passada, cujo desenlace duvidamos em certa medida". Quando essa incerteza é dominante, exerce o poder de paralisar ao invés de impulsionar para a vida. O medo tem origem na violência, que apresenta uma dupla dimensão — externa e interna.

A experiência abusiva e arbitrária inviabiliza a representação psíquica de um evento emocional. A impossibilidade de representação se organiza como defesa, na tentativa de manutenção da integridade do "eu", mas elimina o reconhecimento de um significante fundamental (COSTA, I., 2003). Diante da circunstância de não ser mais aquilo que se é, o medo passa a existir. A partir do afastamento compulsório da vida social, familiar e laboral durante um tempo maior do que o sujeito possa suportar, passa a vigorar um desligamento de si mesmo, causando uma grave desorganização psíquica.

Outro importante veículo do medo é o estigma. A concepção de que àlguns delitos são menos aceitáveis gera a recusa, o temor e o afastamento da autora de um ato considerado inadmissível. Muitas vezes o movimento de exclusão não é somente individual, mas coletivo, segregando ainda mais a pessoa que já está privada de liberdade. É nesse tipo de situação que a opção pela "tranca" (solitária), mais que um castigo, torna-se um dispositivo de proteção. Esse instrumento também é utilizado pelo sistema penitenciário logo que a apenada entra no regime fechado, com o objetivo "adaptá-la" às regras institucionais. A repressão e o medo são utilizados como elemento de poder e dominação. A cultura do aprisionamento visa transformar o "eu" em objeto de obediência, disciplinando a própria existência (HAN, 2011/2017) e instaurando o processo de institucionalização.

O ócio e a rotina fastidiosa estão no centro desse sistema, levando tanto ao afastamento de si mesma como à instalação de um conflito constante entre as detentas. Goffman (1961/1974) identifica as tarefas da rotina diária como um dos tipos de mortificação do "eu", ao impor ao sujeito um papel com o qual ele não se identifica.

Lasch (1932/1999) traz uma reflexão a respeito dos campos de concentração que pode ser transposta ao sistema prisional. Uma realidade selvagem e brutalizante obriga o sujeito a concentrar seus esforços na luta pela preservação do "eu" e da dignidade. Entre as estratégias empregadas para atenuar o impacto da prisão estão o isolamento, o estado de insensibilidade e resignação psíquica, e a supressão da capacidade crítica, de autorreflexão e autoapreciação, produzindo um estado de "robotização". Essas vivências levam muitas vezes a uma profunda desesperança, que pode resultar em suicídio. Segundo o Infopen (SANTOS, 2017), a probabilidade de uma mulher prisioneira tentar pôr fim à própria vida é vinte vezes maior do que em liberdade.

O aprisionamento produz não só o sequestro da liberdade, mas da dignidade, da voz e da identidade — ou seja, da sua condição de sujeito (OLIVEIRA, 2009). As grades e regras do cárcere aprisionam o corpo, a alma e o desejo (BASSANI, 2016). No caso da mulher, esse percurso é duplamente significado, não só pela condição concreta do aprisionamento, mas também por seu corpo se encontrar sobrecarregado por tudo aquilo que remete a um obstáculo (BEAUVOIR, 1949/1970).

Durante o período de aprisionamento não é só o corpo feminino que está encarcerado, mas também a sua subjetividade. Os papéis vividos pela mulher em sua vida diária são bruscamente interrompidos, e ela se vê privada do exercício de sua identidade (COSTA, E., 2008). Essa vivência de extrema adversidade deixa sua marca no corpo e no campo subjetivo.

A subjetividade preexistente à prisão se fragmenta (BRITO *et al.*, 2013), e o empenho pessoal é canalizado para a sobrevivência física e psíquica (LASCH, 1932/1999). Ocorre uma fragmentação do "eu" a partir da ausência dos pontos de ancoragem que eram constituídos no espaço social, na vida fora da prisão. Essa ruptura entre o "eu" e o vínculo social promove o sentimento de desamparo. A realidade se apresenta como insustentável e o sujeito se sente desprovido de condições internas e externas para fazer frente às mudanças negativas. A falta de perspectiva e a sensação de que não pode esperar mais nada de positivo da vida geram o sentimento de desesperança.

A falta de esperança desencadeia um estado de intensa angústia. Sawaia (2003) traz uma nova perspectiva para esse conceito, quando trata da realidade das mulheres que vivem em comunidade. É possível transpor essa concepção para o cárcere, pois nesse contexto a "normalidade" não se encontra na ausência de angústia ou depressão, que são elementos constantes. O que difere é a maneira de acomodar a angústia na vida diária, de modo que ela não se mantenha como obstáculo, mas como o processo que move o sujeito em direção a outra fonte de angústia. É possível então distinguir a "angústia-desamparo" — que, apesar dos extenuantes esforços, se transforma em angústia cristalizada — da angústia pelo insucesso, que impulsiona novas ações.

Essas experiências podem também ser pensadas através do significado de dois estados subjetivos e objetivos em oposição — o "tempo de morrer" e o "tempo de viver". Sawaia (2003) nos explica que o "tempo de morrer" se caracteriza pelo sentimento de baixa autoestima, em que o agir e o pensar estão embotados. Trata-se de uma incapacidade de ativar os próprios recursos emocionais e uma percepção de que nada pode ser feito, gerando intensa angústia. Esse tempo é vivido com nitidez na experiência no cárcere.

Em contrapartida, o "tempo de viver" não coincide com o momento do nascimento. Ele se inicia quando a superação do tempo de morrer se torna possível. Ultrapassar essa condição demanda significativo trabalho interno, uma vez que o aprisionamento não é exclusivamente da ordem objetiva, mas também está vinculado ao "tempo de morrer".

Um dos aspectos mais importantes do funcionamento do aparelho psíquico pode ser descrito em termos do princípio do prazer. A existência de uma tensão desagradável produz uma movimentação no sentido de reduzir ou cessar esse estímulo, desencadeando uma sensação de prazer (FREUD, 1920/1987). O sujeito busca encontrar a satisfação perdida, e a tentativa desse reencontro é o motor para a vida, vetor de crescimento e desenvolvimento psicológico.

Em situação oposta, o sujeito se depara com a dor. O sentimento é de destruição, tendo como consequência a rigidez. A experiência da dor neutraliza o princípio do prazer e o esforço se concentra na tentativa de extingui-la. O pensamento se dedica a fazer cessar o mal-estar gerado a partir da experiência traumática produzida pela violência (COSTA, J. F., 1984/2003).

Diante de situações extremas, é difícil fazer a distinção entre o sujeito e o seu meio (LASCH, 1932/1999). As experiências vividas são absorvidas quase que integralmente, sem que haja uma barreira protetiva para o sujeito. É comum ouvir relatos sobre o aprendizado da delinquência no âmbito da prisão, fortalecendo a criminalidade já existente ou abrindo um novo caminho nessa direção.

Assim, a identidade é transformada de acordo com os sistemas culturais em que o sujeito está envolvido (COSTA, E., 2008). Todo o processo social é composto de regras e comportamentos, os quais incidem nas nossas vidas de forma objetiva e, consequentemente, subjetiva (COSTA, J. F., 1989). A prisão tem o sentido de educar, e isso inclui ensinar as detentas a limitar ao máximo suas próprias necessidades (PEROTT, 1988). Toda essa vivência da cultura prisional produz uma marca extremamente contundente, gerando um forte impacto na vida em sociedade após a liberdade (BRITO *et al.*, 2013).

Durante o período de isolamento, a detenta vivencia uma sensação de fracasso ao acompanhar as modificações ocorridas na realidade externa. Nas situações em que o tempo de aprisionamento é muito longo, pode ocorrer o que Goffman (1961/1974) denominou de "desculturamento" ou "destreinamento", que deixa o sujeito "temporariamente incapaz de enfrentar alguns aspectos da sua vida diária" (p. 23). Trata-se de um processo de perda dos valores adquiridos anteriormente e uma aquisição dos padrões próprios da cultura prisional. Esta, por sua vez, é o resultado de interesses sociais, políticos e institucionais a serviço da manutenção de um *status quo* que se sustenta para além dos muros do presídio (CARRILHO, 2017). Além disso, o afastamento da vida social produz alienação, tendo como possível consequência uma fragmentação do "eu" (GIDENS, 1999/2002).

É através do mundo que o sujeito se define, e suas possibilidades particulares estão diretamente ligadas às situações econômica e social (BEAUVOIR, 1949/1970). No caso da mulher egressa, sua reinserção na sociedade e no mercado de trabalho é ainda mais complexa, tanto pela pouca qualificação que a maioria possui como pelo estigma de ex-presidiária que carrega. O tempo passado em confinamento não é percebido como algo contingente em sua vida, dificultando alternativas transformadoras (COSTA, E., 2008). A prática do delito passa a ser algo que define e estigmatiza o sujeito.

Dessa forma, o momento de transição entre o cárcere e a liberdade torna-se particularmente difícil para as egressas. Quando saem da situação de encarceramento, é necessário um trabalho de transformação dessa experiência vivida para que possam construir trajetórias diferentes e refazer seus projetos pessoais, pois são estes que sustentam o sujeito no mundo. Um desses projetos de vida mais importantes para muitas mulheres é o exercício da maternidade. Mas também nesse sentido o cárcere é implacável, e causa um penoso efeito para o par mãe-filho.

CAPÍTULO 5

AS IMPLICAÇÕES PARA A MATERNIDADE

Uma das particularidades do encarceramento feminino é o fato de que a estrutura familiar não se mantém a partir da internação da mulher no sistema prisional. Pesquisa realizada por I. Costa (2003) nos traz os seguintes dados: 86,7% das mulheres afirmaram que a família se desfez após o seu encarceramento. Em apenas 20% dos casos os cuidados dos filhos foram assumidos pela figura paterna; em 73,3% das situações, a guarda dos filhos recaiu sobre uma figura feminina (avó, irmã ou amiga); e em 6,7% dos casos ficou a cargo de uma instituição.

Refletindo sobre esses dados, verificamos que, apesar da maior atuação da mulher no mercado de trabalho demandar uma participação mais efetiva do homem no cuidado dos filhos, ainda persiste um desequilíbrio no exercício das funções parentais, e isso se dramatiza nas situações de encarceramento feminino.

Ainda persevera a concepção da maternidade como parte da "natureza da mulher", e não uma construção histórica e cultural. Em contrapartida, a "não maternagem" corresponderia a uma "contranatureza" (BARRETO, 2016). Por outro lado, não são cobrados do homem o amor incondicional e a dedicação enquanto pai. Ao contrário, há uma condescendência em relação a suas ações que denotam pouco apego e cuidado: "ficamos menos chocados com a atitude masculina porque ninguém, até hoje, erigiu o amor paterno em lei universal da natureza" (BADINTER, 1980/1985, p. 144).

Outro aspecto importante é a gravidez durante o cárcere e a posterior separação da mãe e do bebê. De acordo com a legislação vigente, após um período máximo de seis meses as crianças são separadas de suas mães (ITTC, 2017). Essa situação instala um paradoxo na gravidez e no início da vida desses bebês — a contradição entre a necessária vinculação dessa díade e a preparação para a abrupta desvinculação imposta pela realidade.

Às vezes a vivência da maternidade é o único investimento afetivo dessas mulheres no cárcere. Braga e Angotti (2015) chamam esse período de "hipermaternidade", em contraposição ao momento posterior de separação da mãe e seu bebê, levando a mulher a um estado oposto de "hipomaternidade". De acordo com essas autoras, a maternagem na prisão traz a marca da ambivalência — convivência *versus* afastamento; mulher mãe *versus* mulher presa. Nesse momento, a mulher é tomada pela angústia diante da inevitável separação e a incerteza sobre o destino de seu filho ou filha.

Recentes alterações na legislação brasileira tiveram o objetivo de proporcionar às mulheres presas e seus filhos condições mínimas de assistência durante o período da gravidez e pós-natal. Entretanto, a realidade nos presídios aponta para uma larga distância entre esses direitos e a experiência prática vivenciada por essas mães.

Algumas mulheres perdem a guarda de seus filhos e sequer sabem do seu paradeiro. Um exemplo emblemático dessa ruptura é o relato de uma prisioneira que, ao conseguir progressão para o regime semiaberto, solicitou ao juiz o direito de visitar seus filhos na instituição onde estavam abrigados. Somente nesse momento tomou conhecimento de que eles já tinham sido adotados havia mais de um ano (PASTORAL CARCERÁRIA, 2015).

Em dezembro de 2010 a Organização das Nações Unidas (ONU) aprovou um conjunto de normas e disposições para a mulher presa que ficaram conhecidas como "Regras de Bangkok" (BRASIL/CNJ, 2016). Por exemplo, a regra número 3, inciso 1 desse dispositivo garante à mulher, no momento de seu ingresso no sistema penitenciário, o direito de registrar os seus filhos e filhas. Nesses dados deverão estar contidos gênero, nome, idade, localização, situação de custódia ou guarda. Entretanto, muitas vezes a vara de execução penal não tem esses dados registrados (SILVA, 2015). No ato da sua prisão, a mulher tem o direito de entrar em contato com seus familiares, mas na maioria dos casos isso lhe é negado (FERNANDES *et al.*, 2015).

Antes do seu aprisionamento, a mulher que detém a guarda de seus filhos tem o direito de tomar as providências necessárias para o seu acolhimento nesse primeiro momento, considerando inclusive a possibilidade de suspensão da sua detenção (IPEA, 2015). O descumprimento dessas normas dificulta a manutenção dos laços afetivos entre a mãe e seus filhos, e provoca graves consequências na estrutura familiar.

De acordo com o Infopen (SANTOS, 2017), 74% das mulheres privadas de liberdade têm pelo menos um filho. A dificuldade para manutenção do vínculo com seus familiares e em especial com os filhos ou filhas é um fator de extrema importância para o prejuízo da saúde emocional da mulher. A escassa visitação recebida reforça o sentimento de abandono, tristeza e desesperança.

Em contrapartida, a continuidade da relação com os entes queridos oferece a conservação dos laços afetivos e a conexão com o mundo exterior. A troca de cartas e informações que são trazidas de fora mantêm a vinculação com a vida. Dessa forma, a família centraliza o processo de mitigar os efeitos do aprisionamento e oferecer suporte para a reintegração após a liberdade (BASSANI, 2016).

PARTE II

AS REPERCUSSÕES NOS LAÇOS FAMILIARES

- A fragilidade dos laços afetivos
- A maternidade e o encarceramento
- Gênero e prisão
- A família aprisionada
- Depois das grades

CAPÍTULO 6

A FRAGILIDADE DOS LAÇOS AFETIVOS

O encarceramento da mulher, com o consequente afastamento de seus entes queridos, repercute nos laços afetivos e remete a uma experiência de profundo desamparo. Cabe destacar que "a história das mulheres se confunde com a história da sua vida familiar" (DINIZ; COELHO, 2005, p. 138). Na maioria das situações de cárcere ocorre o enfraquecimento dessas relações, e a vivência de desproteção e solidão deixa marcas permanentes.

Perruci (1983), ao tratar do valor dos vínculos afetivos nesse contexto, ressalta que para as detentas as proibições relacionadas à visitação e às saídas repercutem muito mais negativamente do que as punições de confinamento. No tocante a ligações afetivas, é possível observar uma dificuldade para construir relações positivas entre as próprias detentas. De modo geral, a instituição prisional estimula um ambiente de animosidade com o intuito de preservar a ordem. Trata-se de dificultar a união para exercer dominação. Ou seja, evita-se a coesão entre as detentas, acirrando as disputas internas como fonte de controle e disciplina prisional.

Lemgruber (1999) destaca que as coerções violentas foram sendo substituídas por formas não menos cruéis de intimidação, como a suspensão de benefícios adquiridos e o incentivo à busca de privilégios, o que promove rupturas na coesão das internas e estimula inclusive a prática da delação. Entretanto, a existência individual só é possível a partir da coletividade, e o mundo interpessoal é um elemento importante para a promoção da saúde do sujeito (FIGUEIREDO, 2009). Dito de outra forma, a vida relacional é a base fundamental para a construção individual e para a manutenção do bem-estar emocional. Ainda mais em situação de dificuldade extrema, em que o apoio mútuo se torna essencial para suportar tamanha adversidade.

De acordo com Foucault (1975/2016), o que sobressai no advento da prisão é a institucionalização do poder de punir, proporcionando legalidade aos mecanismos disciplinares que sujeitam os indivíduos a um sistema arbitrário, despótico e coercitivo. Assim, o sistema carcerário naturaliza e legitima o exercício da punição. O autor discorre acerca das mudanças no ato de punir e destaca que os castigos físicos foram sendo substituídos por formas mais sutis de infligir sofrimento. Nesse contexto, a possibilidade de vinculação com o outro se apresenta de forma bastante precária. Soma-se a essa situação a extrema dificuldade na conservação dos vínculos externos, enfraquecendo a saúde emocional das mulheres e sua capacidade de enfrentamento de uma realidade tão adversa.

A entrada da mulher no sistema prisional promove um abalo importante na relação com seu companheiro, chegando muitas vezes à ruptura. Situação muito diferente se verifica no universo masculino, em que as mulheres acompanham seus parceiros durante o período de cumprimento da pena (BASSANI, 2016). Estudos indicam que somente 16% dos homens vão à cadeia visitar suas parceiras durante o período de gestação (LEAL; AYRES; ESTEVES-PEREIRA; SANCHEZ; LAROUZÉ, 2016). Essa situação é explicada, em parte, pelo fato de que uma parcela desses homens se encontra também em regime fechado: 85% das mulheres encarceradas têm seus parceiros na mesma situação (GRANJA; CUNHA; MACHADO, 2012).

A mulher criminosa rompe com o estereótipo feminino de docilidade, passividade e submissão. Apesar de ter conquistado um espaço significativo no mercado de trabalho, é no universo privado que ela exerce o seu domínio e obtém valor. Portanto, sua vida tem como eixo central a experiência afetiva e o exercício da maternidade. Quando, através do ato criminoso, ela contraria esse modelo, ocorre na maioria das vezes o afastamento do seu parceiro. Diante do encarceramento feminino, os homens são estimulados a construir novas relações amorosas, ao invés de acompanhar suas mulheres durante o tempo de detenção (BASSANI, 2016).

Na atualidade, a relação conjugal é uma dimensão importante para construir e validar a identidade pessoal e social, a partir do encontro relacional com a figura amorosa. O sujeito se constitui na inter-relação. É nesse encontro que se organizam os planos individuais, conjugais e familiares, demonstrando a centralidade do casamento na vida. A afetividade passa a ter um espaço privilegiado na conjugalidade e o relacionamento se apresenta como depositário de uma alta expectativa de realização e crescimento (MAGALHÃES; FÉRES-CARNEIRO, 2003).

O aprisionamento produz um forte impacto no planejamento individual e conjugal, demandando uma reformulação dos projetos de vida de ambos os cônjuges. Somam-se a isso a perda do convívio e o enfraquecimento ou interrupção da vida sexual. Nessa situação, a instituição penal passa a intervir na relação conjugal — a intimidade é mediada pelo controle e vigilância, reconfigurando a dinâmica de aproximação e afastamento do encontro afetivo e sexual (GRANJA; CUNHA; MACHADO, 2012). Além desses danos, há o prejuízo nas condições materiais e a desorganização na rotina diária que o encarceramento de um dos cônjuges irá desempenhar na dinâmica familiar.

Por outro lado, alguns casais descrevem que essa condição de brusco afastamento trouxe a possibilidade de valorização mútua. Essa reação pode ser entendida como uma defesa na tentativa de adaptação frente à separação. Nesse sentido, eles vivem uma exaltação do sentimento amoroso como contraponto a um valor diminuído da relação sexual (CARMO, 2009).

Um fator importante para a manutenção ou ruptura da conjugalidade é o tempo relacional antes do aprisionamento. Quanto menor o período de convivência anterior ao cárcere, mais reduzidas são as chances de permanência do casal. O período em que o cônjuge permanece no cárcere também exerce influência na conjugalidade — quanto mais tempo de aprisionamento, menor a possibilidade de continuidade do casal (ALARCÃO; SIMÕES, 2010).

Há também as situações das relações conjugais marcadas pela violência que são interrompidas pelo aprisionamento. Alguns casamentos são mantidos a partir de vínculos patológicos. Nessa situação, o cárcere pode causar nas mulheres uma reação de alívio por estarem, a partir de então, protegidas desse tipo de maus-tratos. Quanto à entrada no crime, muitas mulheres atribuem o motivo à sua parceria amorosa, seja por incentivo ou por coação (GRANJA; CUNHA; MACHADO, 2012).

Além do distanciamento ou ruptura conjugal, a mulher, quando é mãe, precisa se confrontar com o afastamento de seus filhos e filhas. Essa separação é uma das maiores fontes de sofrimento dentro do universo prisional. A fragilidade na construção dos laços afetivos da mulher que teve o seu filho em regime fechado é uma realidade que traz inúmeras particularidades. Dentre elas, é possível identificar a ambivalência na constituição do vínculo mãe e filho/filha. Por um lado, existe um movimento de apego excessivo e por outro um distanciamento, com temor da inevitável ruptura que está por vir (SOARES; LENCI; OLIVEIRA, 2016).

No que se refere às crianças presas com suas mães e à convivência com outras mulheres e seus filhos, há uma dificuldade adicional — essa rede relacional é modificada constantemente. Quando a criança atinge uma idade específica que é estabelecida por cada estado, é realizado o desligamento da mãe. A detenta volta para a sua unidade e a criança é encaminhada para a família ou uma instituição. Isso significa que a ligação afetiva estabelecida entre a comunidade de presas e suas crianças se desfaz, e se instala o sofrimento por mais um vínculo dissolvido. Diante da realidade do encarceramento feminino, a criança encontra-se inserida em situações de ruptura constante, impedindo a construção de um vínculo sadio, pois para tanto seria fundamental a continuidade das figuras de referência. É importante assinalar que essa lacuna terá repercussão na vida adulta. Com o distanciamento, o enfraquecimento ou até mesmo o rompimento do vínculo produzem efeito significativo na construção identitária do sujeito. A partir desse afastamento abrupto da mãe, a constituição do psiquismo passa a se organizar alicerçada em falhas primordiais, não oferecendo a sustentação e a continência necessárias para o desenvolvimento emocional saudável.

Outra dificuldade é a ambivalência frente à decisão de receber ou não a visita dos filhos. Muitas mães optam por não exercer o direito de visitação, por acharem que a cadeia não é ambiente para eles e por sentirem vergonha de sua situação. Trata-se do medo diante do estigma de presidiária e da expectativa social da transgeracionalidade do crime, o qual aparece em frases como *"Filho de peixe, peixinho é"* e *"Quem sai aos seus não degenera"* (ORMEÑO; MAIA; WILLIAMS, 2013). Elas temem também pelo momento da despedida e sofrem antecipadamente.

Durante todo o percurso do sujeito ao longo da vida, o ambiente exerce um impacto fundamental sobre sua saúde emocional. Para que se possa viver de forma relativamente tranquila e usufruindo de certo prazer no seu cotidiano, é primordial o estabelecimento da confiança. De acordo com Winnicott (1979/1990), as boas experiências iniciais irão desenvolver no sujeito a confiança primária. Para que a criança possa expandir sua relação com o mundo, é necessário o estabelecimento dessa confiança básica, que se origina na capacidade do objeto em suportar os impulsos agressivos da criança sem retaliar e também na sua possibilidade de sobrevivência (FIGUEIREDO, 2009).

Quando isso não acontece, permanece uma constante inquietação, sem a possibilidade de experimentar uma sensação positiva de repouso e tampouco construir uma expectativa favorável do futuro. Nesse momento, se instala o que Balint (1993) chamou de "desconfiança básica" — ela incide no indivíduo e se dirige ao meio ambiente, abalando as bases da confiança e a capacidade de ultrapassar as ansiedades paranoides e depressivas na construção de uma entrega confiante, condições necessárias para desenvolver um "novo começo".

O autor cita como exemplo a situação em que um pai ou mãe joga o bebê para cima e o pega novamente, produzindo excitação e medo, para depois acolhê-lo no abraço. Esse retorno, em que o bebê é recebido, tem como efeito o estabelecimento da segurança, construindo a capacidade de confiança e a condição de se lançar em novas situações com a convicção de que alcançará um bom desfecho. Nessa dinâmica se experimenta a entrega, o susto e o medo, até finalmente recuperar o conforto. Por outro lado, de onde predomina o medo do vazio, da ausência e da separação deriva um apego ansioso e obsessivo, podendo prevalecer o desapego e a desconfiança.

Dessa condição se origina a necessidade de conservar a distância e manter o controle. Nas situações extremas, uma ambivalência cruel é suscitada, e o amor, a raiva, o apego e o distanciamento se misturam (FIGUEREDO, 2009). Diante das situações de aprisionamento materno, é possível transpor os efeitos desse apego inseguro para o psiquismo dos filhos e filhas.

O repentino afastamento materno desencadeia a eclosão de dificuldades no âmbito pessoal, relacional e social, fragilizando não só a mulher, mas também seus filhos e filhas. Mesmo antes do encarceramento, muitas crianças já eram expostas a determinados fatores de risco advindos de práticas parentais que as vulnerabilizavam, como a violência conjugal. Portanto, o ambiente que irá acolher a criança após o aprisionamento materno é também um aspecto relevante que pode facilitar ou dificultar ainda mais esse processo (ORMEÑO; MAIA; WILLIAMS, 2013).

O distanciamento das presas de seus familiares é uma consequência concreta do aprisionamento, levando em conta que somente 38% das mulheres recebem visita (BRASIL, 2008). O fato de recair sobre outras mulheres da família a responsabilidade pelo cuidado das crianças é um dos fatores que contribuem para essa realidade, dificultando a disponibilidade para visitação. Outros obstáculos são a distância entre o presídio e a residência; as unidades que só permitem visita em dias de semana; a precariedade econômica dessas famílias; e a fragilidade da rede de apoio. Como consequência, a solidão é o sentimento apontado como o mais constante entre as detentas. A ausência dos membros queridos torna ainda mais difícil suportar essa realidade de privação, acentuando a sensação de esquecimento, que equivale a uma morte afetiva.

A manutenção das relações por meio da continuidade da visitação irá favorecer a reinserção da mulher na família e na vida social após sua soltura (MORAN, 2013). Quando ocorre a ruptura desse vínculo, a sensação de abandono e solidão deixa marcas indeléveis. Mesmo assim, muitas mulheres ficam divididas em relação à visitação por seus filhos, pois ao mesmo tempo em que desejam intensamente esse contato, acreditam que a cadeia não é ambiente para crianças. Nesse caso, mantê-los afastados é uma atitude de proteção (SILVA, 2015).

Os filhos nascidos nas unidades prisionais que vivenciam uma interrupção brusca e precoce da relação com a mãe também sofrem severas consequências para o seu psiquismo. De um modo geral, as situações de encarceramento favorecem o desligamento entre a mãe e o seu filho ou filha, e afetam esse par de forma devastadora.

CAPÍTULO 7

A MATERNIDADE E O ENCARCERAMENTO

A partir do aprisionamento feminino, ocorrem mudanças relevantes na dinâmica familiar. Apenas 20% das crianças permanecem sob os cuidados do pai. Na maioria das vezes são acolhidas pela família materna. Em alguns casos são distribuídas entre os familiares da detenta, quando um único familiar não é capaz de custear o sustento de mais de uma criança (RELATÓRIO..., 2007; SILVA, 2015). Um dos aspectos negativos dessa opção é a separação de irmãos, forçados a morar em casas diferentes. Em contrapartida, sua permanência aos cuidados da família favorece a retomada do convívio com a mãe, após a sua liberdade.

A separação dos filhos é certamente um dos causadores de maior sofrimento para as mulheres. O caráter perverso do encarceramento feminino impõe uma dupla penalidade — além da privação da liberdade e do vínculo com os filhos, retira a possibilidade da convivência entre os irmãos. A mulher ainda ocupa o posto de responsável principal pelo cuidado dos filhos, e quando não consegue desempenhar esse papel vivencia um intenso sentimento de culpa (BADINTER, 1980/1985). A experiência do cárcere exacerba essa sensação, suspendendo — e em alguns casos impedindo totalmente — o exercício da função de maternagem.

Dentro do contexto prisional, 74% das mulheres têm pelo menos um filho. De acordo com os dados levantados pelo Infopen (SANTOS, 2017), no período de 2015 a 2016 as unidades penitenciárias do país contavam com 886 mulheres grávidas ou lactantes. Dentro desse universo, apenas 50% das gestantes permaneciam em espaços adequados para as suas necessidades e somente 14% podiam contar com uma unidade materno-infantil.

Estima-se que 6% das mulheres que se encontram no sistema carcerário são gestantes. No terceiro trimestre de gravidez, elas são transferidas da sua cadeia de origem para unidades que recebem puérperas e mães com filhos e filhas até no máximo seis meses de idade (LEAL *et al.*, 2016). Um estudo sobre gravidez e parto no cárcere revelou que 56% das mães se intitulavam solteiras e um terço delas era chefe de família, indicando um dos motivos pelos quais muitas delas recebem escasso apoio do pai de seus filhos e filhas durante esse período. O acompanhamento médico durante a gravidez é precário, e em alguns casos as mulheres têm seus bebês dentro da própria unidade prisional.

Com relação ao acompanhamento pré-natal, 35% das grávidas encarceradas podem contar com essa assistência, enquanto na população geral atendida pelo Sistema Único de Saúde (SUS) esse número sobe para 73%. Quando entraram em trabalho de parto, 30% delas foram levadas ao hospital por viatura policial e 60% por ambulância. É alarmante o fato de que somente 10% das mulheres tiveram pelo menos um de seus familiares informado quando entraram em trabalho de parto. O uso de algemas nesse momento foi relatado por 36% das mulheres. Apesar da Lei 13.434 de 2017, que resguarda a mulher na ocasião do parto, é muito comum que elas se encontrem algemadas nessa circunstância (RELATÓRIO..., 2007; CHESKYS, 2014; LEAL *et al.*, 2016).

Quanto à violência e maus-tratos sofridos no período de internação hospitalar, 16% das grávidas revelam essa ocorrência por parte da equipe de saúde e 14% imputam essa ação aos guardas e agentes penitenciários. As mulheres encarceradas em situação de gravidez compõem um grupo ainda mais vulnerável, e quando retornam à unidade com seu bebê essa condição de suscetibilidade permanece. Quando seus filhos adoecem no período em que ambos vivem na unidade prisional, elas não podem acompanhá-los ao médico. Ao completar seis meses, o bebê é encaminhado aos parentes próximos, em geral a avó materna ou tia. Quando esse acolhimento na família não é possível, a solução é destiná-lo à adoção.

Nessa situação do nascimento de bebês na prisão, uma frequente reclamação das mães é a interferência das guardas no cuidado diário com a criança, muitas vezes fazendo críticas, reduzindo suas competências e autonomia e enfraquecendo os já vulneráveis laços entre as mães e seus filhos e filhas.

Essa dinâmica tem raízes profundas. Rocha-Coutinho (2005) enfatiza que ainda são atribuídas à mulher as características de docilidade, dedicação e abnegação — elementos que demarcam o feminino. O predomínio da associação entre feminilidade e maternidade ainda se faz presente e as relações são organizadas a partir desse binômio.

É nesse contexto que se configuram os comportamentos que definem uma "boa mãe". Assim, desde o início as mulheres que têm seus filhos na prisão já não se encontram inseridas nesses parâmetros. Fragilizadas por inseguranças e conflitos internos, elas têm necessidade de reafirmação do seu papel materno. Mesmo sabendo que a prisão não é um lugar adequado para crianças, elas preferem ficar ao lado dos filhos, julgando assim poder protegê-los. Nesse ambiente hostil, o contato contínuo entre ambos é percebido como uma conquista (AMARAL; BISPO, 2016). Apesar de valorizarem a preservação desse convívio, elas ponderam que *"a criança não cometeu nenhum delito, e não merece cumprir pena junto comigo"*. Nesse contexto, as crianças acabam seguindo as mesmas normas prisionais que as suas mães. Apesar desses conflitos, é inquestionável o aspecto positivo da presença da criança para a mãe, uma vez que esse convívio promove melhora em sua saúde mental, diminuição do índice de reincidência e gera bem-estar para a criança (BYRNE; GOSHIN; JOESTL, 2010).

Para as crianças de mães encarceradas, uma das maiores dificuldades é o estigma de serem filhos e filhas de presidiárias (STELLA, 2009). Além disso, o afastamento imposto pela prisão em regime fechado causa uma série de reações no âmbito emocional. Quando a criança não consegue elaborar as experiências na esfera psíquica, poderá apresentar doenças somáticas. A consolidação do desenvolvimento emocional, cognitivo e social depende da continuidade dos cuidados afetivos (CUNEO, 2007) e com o encarceramento é inevitável a ruptura brusca e precoce dessa relação.

Ao mesmo tempo em que desejam a permanência do bebê junto com elas dentro do espaço prisional, o cuidado integral sem nenhum suporte em um ambiente hostil é uma experiência com alta carga de estresse. Por outro lado, o exercício exclusivo da maternidade produz uma intensificação do vínculo entre mãe e filho. Algumas mulheres entendem que essa vivência oferece a possibilidade do exercício da maternidade de uma forma mais plena, diferente das ocasiões anteriores em que foram mães. Outras se sentem como em uma dupla prisão, pois se percebem cerceadas duas vezes (DIUANA; CORREA; VENTURA, 2017).

A situação de um relacionamento em tempo integral associada a uma expectativa de separação iminente provoca inúmeras repercussões. Um desses exemplos é a conduta na amamentação. Algumas mulheres optam por protelar o desmame, na esperança de prolongar a permanência do bebê ao seu lado. Outras preferem interromper precocemente o aleitamento, como uma defesa diante do sofrimento que o afastamento irá acarretar mais adiante. Em uma atitude extrema, podem solicitar a antecipação do encaminhamento da criança para a família (DIUANA; CORREA; VENTURA, 2017).

O cenário de privação da liberdade coloca a criança como pivô de um impasse — ao mesmo tempo em que é de fundamental importância a vinculação com a mãe, o ambiente prisional não oferece as condições minimamente necessárias para o seu crescimento saudável (STELLA, 2009). O ser humano se constitui ao longo de sua trajetória de vida, e as primeiras etapas do desenvolvimento são essenciais para a maneira como o sujeito irá se organizar emocionalmente e estabelecer suas relações com o mundo. Assim sendo, é possível dizer que as ligações afetivas estabelecidas correspondem à reedição de padrões vinculares construídos na primeira infância (CUNEO, 2007), evidenciando as repercussões que o encarceramento materno irá desempenhar na vida emocional e relacional do sujeito, desde a primeira infância e por toda a sua vida.

Descontinuidades abruptas do vínculo são experiências de intenso sofrimento e geram significativas ações defensivas. Em alguns casos, os mecanismos defensivos mais arcaicos (cisões, negações, recusas, idealizações, projeções maciças etc.) são ativados. Por um lado, essas defesas asseguram a sobrevivência psíquica, mas por outro inibem a constituição do aparelho mental. Esse processo é uma tentativa de adaptação diante de uma realidade conflituosa, mas quando perde eficácia compromete a relação do sujeito consigo mesmo e com o seu meio. Diante de uma vivência avassaladora, o psiquismo enfrenta um desequilíbrio entre as forças de impacto e as de defesa (FIGUEIREDO, 2009), até que essas últimas não conseguem mais manter a saúde e sucumbem à vivência disruptiva.

Perante uma experiência de privação extrema, torna-se difícil avaliar qual escolha poderia causar o menor dano possível para todos os envolvidos. As mulheres, ao defenderem a manutenção da presença dos filhos ao seu lado durante o aprisionamento, talvez estejam querendo dizer que a relação parento-filial é uma das poucas possibilidades de vinculação com o meio externo e com elas mesmas. Entretanto, seria ilusório imaginarmos alguém capaz de sair da prisão sem marcas permanentes (LEMGRUBER, 1999), ainda mais quando estamos falando de sujeitos em desenvolvimento.

CAPÍTULO 8
GÊNERO E PRISÃO

O aprisionamento impõe à mulher a perda dos papéis que exerce anteriormente, inclusive o desempenho das funções maternas e conjugais. Por outro lado, quando submetidos à mesma situação os homens não perdem a sua posição de marido e pai (SANTA RITA, 2007). A detenção paterna ou materna tem implicações distintas para os filhos e filhas, uma vez que o impacto do encarceramento varia de acordo com o sexo do progenitor (MUMOLA, 2000).

Essa realidade também se expressa na visitação — os homens recebem visitas de suas companheiras e filhos. Entretanto, como se diz no jargão próprio desse meio, eles não "puxam cadeia" com sua mulher, ou seja, não a acompanham em sua vida no sistema prisional (SANTOS, 2013).

As cobranças sociais que marcam a vida da mulher são reforçadas nas situações de encarceramento e persistem após a liberdade. É frequente no discurso das egressas a queixa de que não podem cometer nenhum deslize, sob a vigilância constante dos seus familiares. Essa exigência é reflexo dos estereótipos femininos oriundos de um contexto social dominado pelo sistema patriarcal. Marcados pela desigualdade de gênero, os papéis masculinos e femininos ainda repercutem de forma perversa, tanto nas situações de cárcere como após a liberdade.

Carrilho (2017) destaca que é praticamente impossível para a presa sair do cárcere sem levar com ela as marcas e os estigmas advindos daquela experiência. O efeito desse padrão desigualitário faz com que o confinamento se estenda ao universo extramuros. Tanto para a mulher quanto para seus filhos, o estigma social de ser uma ex-detenta, ou ter a própria mãe nessa condição, é um dos maiores desafios enfrentados após a soltura. Uma vez em liberdade, elas permanecem aprisionadas por essa marca indelével, da mesma forma que o registro de sua condição de ex-detentas sempre constará em seus antecedentes criminais. O rótulo do delito e o estigma associado são duas das principais causas de sofrimento para as egressas.

Dessa forma, a pena temporária de privação de liberdade acaba se transformando em perpétua exclusão social. Sem direito ao voto e até mesmo ao título de eleitor, com grande dificuldade para o acesso ao mercado de trabalho e reinserção no âmbito social, as egressas ficam ainda mais vulneráveis e deixam de se reconhecer como sujeito social (BRITO *et al.*, 2013).

O cárcere feminino fragiliza tanto os laços afetivos quanto os sociais (FERREIRA *et al.*, 2015). A sociedade estabelece os critérios para categorizar as pessoas, avaliando o que é considerado bom, esperado e o natural nas condutas humanas. O estigmatizado funciona para o corpo social como se fosse uma "não pessoa" (GOFFMAN, 1963/2017), sem existência própria. O sujeito incorpora o estigma sofrido e acaba estabelecendo uma relação de identificação com o lugar que lhe é imputado pela sociedade. O preconceito é uma forma eficaz de tornar o sujeito invisível e reflete a intolerância de cada um de nós (SOARES; BILL; ATHAYDE, 2005).

As visitas íntimas funcionam como um sinalizador das desigualdades entre os gêneros dentro do sistema penitenciário. Para as mulheres, esse direito foi adquirido em 2002, 20 anos depois dos homens (VARELA, 2017). Além disso, para elas é exigida a comprovação de casamento ou união estável, enquanto os homens recebem visitas íntimas de suas esposas, namoradas, amantes ou prostitutas. Essa liberalidade se baseia na ideia de que a sexualidade do homem é necessária e fundamental para a contenção de sua agressividade no cárcere (RAMOS, 2012).

O momento da visita íntima congrega o encontro sexual e afetivo, fator importante para a permanência do vínculo, o exercício do prazer, a diminuição do sentimento de solidão e a possibilidade de se relacionar com alguém escolhido e não imposto pela circunstância do cárcere (BASSANI, 2016). Além de ser um elemento de vinculação do sujeito com o outro, permite também a ligação da mulher consigo mesma. Porém, em alguns casos, a mulher se esquiva da possibilidade de exercer sua sexualidade. O motivo para essa recusa é a vergonha e humilhação de se expor às "brincadeiras" grosseiras dos guardas durante a transferência para a visita íntima. Outras vezes, gostariam de recusar o encontro sexual com o parceiro, mas não o fazem pelo receio de perdê-los.

Quando se trata do relacionamento entre duas mulheres dentro da prisão, as situações de constrangimento são constantes. Qualquer troca de carícias pode levar ambas a receber sanções disciplinares e isso conduzirá ao isolamento (RAMOS, 2012). Quando estabelecem relações homoafetivas na prisão, as mulheres tendem a reproduzir o modelo que privilegia o binômio masculino-feminino, com todas as suas representações de poder. O padrão heteronormativo, com predomínio do par dominante sobre o dominado, gera a repetição da violência e subjugação (BARCINSKI, 2012). Os relatos das detentas destacam as dificuldades enfrentadas pela mulher para o exercício da sua vida sexual dentro do cárcere, refletindo a proibição social da sexualidade feminina e a reprodução dos padrões de caráter heteronormativo.

A desigualdade de gênero perpassa a estrutura de funcionamento do delito que mais encarcera as mulheres — o tráfico de drogas. Na maioria das vezes, elas exercem funções subalternas dentro da organização criminosa, como "mula", "avião" e "olheira", além de levar drogas para o interior dos presídios masculinos. Os destinatários podem ser os seus próprios parceiros, mas também homens que sequer conhecem (COSTA, E., 2008; BARCINSKI, 2009). Em relação aos seus companheiros, algumas vezes a entrada com a droga serve como proteção contra uma ameaça, podendo atender à coação de outros detentos.

É comum que o ingresso da droga na prisão seja facilitado pela fiscalização, com o objetivo de acalmar o ambiente, e a entrada da mulher para a visita íntima é um subterfúgio muito utilizado para isso. Por outro lado, os homens não costumam levar drogas para suas parceiras presas ou desconhecidas. Essa realidade demonstra mais uma vez a desigualdade de gênero, favorecendo a criminalização da mulher (RAMOS, 2012).

A criminalidade feminina é multifatorial, fruto da opressão sofrida em diversas esferas — família, trabalho e espaço público. A entrada no mundo do tráfico está ligada à necessidade de subsistência, mas também ao poder e status. Essa condição, antes experimentada somente pelo homem, passa a ser vivida pela mulher, que adquire prestígio diante de outras mulheres, mas esse dispositivo também tem sua raiz na diferença de gênero. A mulher necessita desse lugar para ganhar visibilidade e respeito entre seus pares. A mesma dinâmica de subjugação da mulher pode ser identificada quando o poder é exercido pela figura feminina, na seguinte fala: "Eu me sentia superior. Todas tinham que ser submissas a mim" (BARCINSKI, 2009, p. 1.847).

O machismo ainda está imbricado em nossa cultura e permeia a construção identitária de homens e mulheres, promovendo a perpetuação desse padrão. É interessante notar que essas mulheres, quando abandonam a prática do tráfico de drogas, voltam a desempenhar os papéis ditos femininos — o cuidado com o ambiente doméstico e a educação dos filhos (BARCINSKI, 2009). Talvez como uma tentativa de retomar o lugar de valorização da mulher, pois essa posição está diretamente ligada ao status de boa mãe e esposa, assim como o retorno ao seu espaço de exercício do poder, que ainda é o ambiente familiar.

Nos dias atuais, os papéis sociais assumidos pela mulher ainda preconizam o cuidado com a família e a dedicação à maternidade. As características provenientes do desempenho dessas funções são correlacionadas com a feminilidade. A socialização da mulher passa a se vincular ao cuidado com o outro, em especial com a família. Assim, o seu bem-estar permanece ligado ao desempenho dessa função (ROCHA-COUTINHO, 2009).

Entretanto, o exercício da maternidade traz uma dificuldade importante ao desenvolvimento profissional e, consequentemente, ao equilíbrio financeiro. A divisão de tarefas no espaço doméstico ainda é feita de forma desigual, e nesse cenário a maternidade inibe a autonomia das mulheres.

Ao falar de maternidade e desigualdades, é possível estabelecer algumas conexões. A primeira consiste na atribuição assimétrica no exercício de deveres entre a parentalidade feminina e masculina. A segunda é o desequilíbrio nas condições de segurança para a experiência da maternidade, em função das diferenças de raça, classe social e local de moradia. A terceira envolve o problema da maternidade compulsória, que remete à criminalização do aborto e o comprometimento da vida física e psíquica das mulheres (BIROLI, 2018).

Ao traçar alguns aspectos sobre o exercício da maternidade, constatam-se também os efeitos negativos advindos da experiência de ser mãe, em função das dificuldades para conciliar essas demandas com as necessidades da mulher como um todo. Esses obstáculos levam ao crescimento da opção por não ter filhos. Apesar disso, o exercício da maternidade ainda é, na maioria dos casos, um dos referenciais mais significativos na vida da mulher.

Com o encarceramento ocorre um enfraquecimento dessas atribuições, e a mulher se vê despojada de um elemento primordial na construção da sua identidade. Essa mesma estrutura social faz incidir sobre ela uma dupla penalidade, instituída pelo poder formal (mecanismos da justiça) e informal (família, igreja, comunidade), e a partir do ato delituoso nega-lhe o direito de exercer a maternidade (BARCINSKI, 2009).

É comum ocorrer também a culpabilização da mãe por parte dos filhos, por ter imposto um afastamento com o encarceramento. A mãe passa a preencher, ao mesmo tempo, um lugar entre o mítico e a delinquência. É importante ressaltar que esses filhos de mulheres encarceradas permanecem numa situação de esquecimento, tanto no âmbito de nossas políticas públicas como no campo das pesquisas acadêmicas. Quanto às suas mães, o fato de terem cometido um crime as coloca diante de grande dificuldade no exercício da maternidade.

Os estudos apontam que quando uma criança costuma visitar com frequência sua mãe na prisão há menos chance de se manifestarem sintomas como depressão e outras patologias de natureza somática, demonstrando uma relação do apego seguro com uma saúde emocional positiva. Analogamente, quando o cuidador da criança tem boa relação com a detenta, diminuem as ocorrências de evasão escolar (ORMEÑO; MAIA; WILLIAMS, 2013).

A oposição da mulher aos papéis de gênero a ela designados acaba por marginalizá-la (FERREIRA *et al.*, 2015). Por outro lado, a proximidade da mãe com seus filhos e filhas reforça sua saúde mental e favorece a reintegração social (ORMEÑO; MAIA; WILLIAMS, 2013; BYRNE; GOSHIN; JOESTL, 2010).

O rótulo social advindo da entrada no universo prisional vincula a delinquência à personalidade, o que equivale a dizer que a partir de então o preso não é visto como alguém que cometeu um crime, mas sim que se transforma em um criminoso. O contexto prisional produz novas identidades em decorrência tanto da própria experiência no cárcere como do confronto com o preconceito (OLIVEIRA, 2009).

As representações sociais não são simplesmente um espelho da sociedade, mas correspondem a uma interpretação da realidade (COSTA, E., 2008), que é balizada em crenças e convenções a partir da inserção cultural na qual o sujeito está incluído. Como já foi dito, desde a entrada na prisão, o estigma de criminosa passa a fazer parte da sua construção identitária, organizada na articulação dos papéis que o sujeito revela em sua atuação na sociedade (COSTA, J. F., 1984/2003). A partir da liberdade, o enfrentamento no contexto social das repercussões advindas do cárcere assume um grau importante de complexidade, afetando a mulher e toda a sua família.

CAPÍTULO 9

A FAMÍLIA APRISIONADA

O aprisionamento da mulher não afeta somente a ela, e reverbera também nas relações familiares. A instauração de um ciclo de condenação tem como decorrência a humilhação e se reflete na família como um todo, especialmente na vida dos filhos. São relações fragmentadas que se esforçam por sobreviver. Tal situação penaliza duplamente a mulher — com o encarceramento e com a fragilização do vínculo com seus filhos e filhas.

Esse efeito também atinge os visitantes, que relatam situações de maus-tratos, além das ameaças de serem despojados da carteira de acesso (CAMPBELL; CASCARDO; SERENO; OLIVEIRA; LIRA; ALVES, 2016). O estigma e o preconceito social sofridos pela mulher delituosa se estendem aos seus familiares, que são também punidos (SILVA, 2015).

Sobre os filhos, o crime repercute da seguinte forma: "há uma crença popular de que a criminalidade tenha aspectos biopsicossociais que podem ser transmitidos de mãe/pai para filho, o que torna este um possível seguidor das transgressões dos genitores" (SILVA, 2015, p. 192). Na vida diária, esse preconceito aparece em bordões como: *"filho de peixe, peixinho é"* (ORMEÑO; MAIA; WILLIAMS, 2013).

Nas situações de encarceramento, não são apenas as mulheres que se encontram em condição de reclusão, mas também seus familiares, que acabam "puxando cadeia" junto com elas. Essa situação exige uma reconfiguração da própria vida, diante da necessidade de aprender a lidar com a realidade do encarceramento (PEREIRA, 2016).

O aprisionamento feminino causa significativas dificuldades na estrutura da família, diante do repentino afastamento da mãe. Essas adversidades são vivenciadas de forma ainda mais intensa quando antes do cárcere a mulher era encarregada das responsabilidades do sustento da casa, das tarefas domésticas e dos cuidados com os filhos. Na sociedade atual a figura feminina ocupa um lugar de preponderância em termos de provisão financeira, física e emocional (ROCHA-COUTINHO, 2013).

Os problemas familiares existentes antes da reclusão tornam-se mais críticos com o confinamento da figura materna, pois na maioria dos casos essas mulheres são chefes de família monoparentais femininas. Diante da ineficiência do Estado em oferecer assistência por meio de políticas públicas — principalmente creches de amparo à mulher que precisa conciliar as tarefas domésticas com o trabalho remunerado —, as consequências são a precariedade econômica e a dificuldade na criação dos filhos.

Nesse contexto, em muitos casos o pai não se responsabiliza pelo cuidado com os filhos e filhas, que ficam em situação de vulnerabilidade com o afastamento da figura materna. A manutenção do modelo patriarcal na sociedade inibe a criação de novas dinâmicas familiares para fazer frente à situação do aprisionamento. Para lidar com essa realidade, o conceito de núcleo familiar se expande, passando a incluir círculos de amizade e vizinhança. Uma rede de amparo mútuo é organizada para enfrentar as dificuldades trazidas pelo encarceramento.

Durante o período de detenção, as mulheres precisam lidar com o dilema sobre a manutenção junto de si dos filhos nascidos no período de aprisionamento. Esse impasse coloca em campos opostos duas questões fundamentais — por um lado, a importância da presença materna nos momentos iniciais da vida do bebê; e de outro, a necessidade de inserção no universo familiar e social para o desenvolvimento saudável da criança.

Como demonstra Winnicott (1971), as bases do relacionamento humano são formadas a partir da relação da mãe com o seu bebê, de fundamental relevância nas etapas iniciais do desenvolvimento. Mas o autor também destaca que a maturidade humana diz respeito não somente ao crescimento pessoal, mas igualmente à socialização. Assim, tanto o convívio com a mãe como a inserção social são essenciais para a construção do sujeito.

A criança que nasce na prisão encontra-se em uma situação complexa, em que será preciso escolher entre a convivência materna ou a inclusão na sociedade. Diante dessa situação, algum dano será inevitavelmente impresso na criança. A medida adequada para essa circunstância seria a prisão domiciliar para mulheres com filhos de até doze anos de idade. Entretanto, na prática essa alternativa raramente é implementada (LEAL *et al.*, 2016).

Ao nascer, o bebê encontra-se totalmente dependente do seu cuidador, e esse contato inicial funcionará como um balizador para a formação de vínculos afetivos e as demais experiências que o sujeito vai estabelecer com o mundo ao longo da vida. Portanto, essa primeira etapa é de fundamental importância para o desenvolvimento emocional.

O papel da família como o primeiro organizador social, com crenças e códigos específicos, é regido pelo afeto e o sentimento de pertencimento, elementos primordiais para a inserção do sujeito em uma comunidade mais ampla. O direito à convivência familiar é atribuído ao ser humano como fundamental para a construção e manutenção da sua dignidade. Quando a relação com a figura materna é interrompida e as necessidades básicas não são atendidas, ocorre uma redução significativa dos recursos internos da criança para lidar com futuras adversidades da vida, sobressaindo uma resposta agressiva diante do meio ambiente e uma dificuldade adaptativa às demandas externas (CUNEO, 2007).

Durante o período de encarceramento, a vida das detentas permanece suspensa, e a sobrevivência passa a ser um desafio diário. Nessa circunstância, a visita de um familiar fornece a produção de um sentido a essa existência interrompida (BASSANI, 2016). Quando é possível um rearranjo familiar para fazer face a essa situação de crise, pode-se gerar um fortalecimento dessa estrutura (ALARCÃO; SIMÕES, 2010).

De acordo com Carter e McGoldrick (1995, p. 8), "o estresse familiar é geralmente maior nos pontos de transição de um estágio para outro no processo desenvolvimental familiar, e os sintomas tendem a aparecer mais quando há uma interrupção ou deslocamento no ciclo de vida familiar em desdobramento". As autoras descrevem dois eventos que atravessam a passagem dos estágios do ciclo de vida familiar — os "estressores verticais", que são os mitos, padrões e segredos familiares; e os "estressores horizontais", que incluem tanto os eventos desenvolvimentais predizíveis (transições do ciclo de vida) quanto os imprediźiveis (morte precoce, doença crônica, acidentes...). Os estressores horizontais imprediźiveis, também nomeados como "os golpes de um destino ultrajante" (p. 12), acarretam disfunções importantes no sistema familiar, sendo claramente observados nas situações de encarceramento.

O aprisionamento da mulher desencadeia uma crise de caráter paradoxal, capaz de gerar mudanças positivas na família em face da necessidade de fazer frente às demandas da nova situação. Além do acompanhamento do membro familiar encarcerado e a provisão financeira, os cuidados práticos parentais e emocionais colocam altas exigências para esse núcleo e podem determinar o fortalecimento dos vínculos entre seus membros (ALARCÃO; SIMÕES, 2010).

Pesquisas apontam para um percentual importante da população feminina encarcerada que tem algum familiar com histórico de aprisionamento (SCHERER; SCHERER, 2009; LOPES; MELLO; ARGIMON, 2010). Segundo Soares e Ilgrenfritz (2002), 95% das mulheres por elas entrevistadas sofreram algum tipo de violência em momentos da vida anterior à prisão. A repetição de modelos destrutivos de comportamento oriundos da família de origem contribui para o encarceramento da mulher.

Grande parte das mulheres que sofreram com relacionamentos abusivos na infância repete esse padrão com seus parceiros no futuro, dando continuidade ao ciclo de vitimização. Com isso, o percurso das mulheres encarceradas se confunde com a história de violência (SCHERER; SCHERER, 2009). Esse contexto de crueldade, opressão e abuso reflete o universo em que as mulheres se encontravam antes do encarceramento e se prolonga na prisão. A perpetuação da violência também aponta para a influência da transmissão psíquica geracional na construção identitária. A violência transmitida de uma geração para outra origina uma intergeracionalidade carcerária, sendo de suma importância a interrupção desse ciclo (ORMEÑO; MAIA; WILLIAMS, 2013).

O ato delituoso produz impactos não só no autor do crime, mas também em seus familiares. A pena deveria ser individualizada para o infrator, mas na realidade as consequências do delito reverberam na família como um todo, e não só na figura do apenado (CARMO, 2009).

O suporte da família tem grande impacto na vida da mulher encarcerada. O momento da visita, mesmo com a dor da despedida, é sempre o mais ansiosamente aguardado e festejado. É o afastamento dos parentes e o intenso desejo de restaurar a vida em família que nutre o sentimento de arrependimento e também a força interna para lidar com as adversidades do presente e buscar o resgate dos laços afetivos no futuro (COSTA, E., 2008).

Diante da omissão do Estado, os familiares suprem as necessidades de alimentação e produtos de higiene da prisioneira. Sem poder contar com apoio jurídico suficiente, são eles que acompanham o andamento dos processos na justiça e funcionam também na conexão com o mundo exterior, trazendo informações e trocando cartas. A família é um elemento central na vida da detenta, sendo importante também mais tarde, para a reintegração e manutenção da sua liberdade.

A complexidade do encarceramento se dá pela intercorrência de inúmeros fatores. Em primeiro lugar, a ruptura do núcleo familiar causa prejuízo emocional para todos os envolvidos. Outro aspecto negativo é o estigma social, pois o preconceito é estendido da figura da condenada para toda a família. Essa tendência pode provocar o esgarçamento das relações existentes e dificultar a emergência de novos encontros afetivos (GOFFMAN, 1963/2017). O encarceramento também provoca desestabilização financeira. Com isso, expande os seus efeitos intramuros, exportando a pobreza (WACQUANT, 1999).

CAPÍTULO 10
DEPOIS DAS GRADES

Com a saída do sistema prisional, faz-se urgente um trabalho de reconstrução das relações afetivas. Mesmo depois do acesso à liberdade, poderá ser difícil o resgate dos vínculos preexistentes, em função do impacto causado pela situação prisional no subsistema parento-filial. As egressas que mantiveram suas relações familiares minimamente preservadas durante o período de confinamento encontram maiores facilidades para a reconstrução, e essa condição favorecerá a manutenção da sua liberdade. Ao retornar, a mulher deve levar em conta que uma nova dinâmica familiar se organizou durante sua ausência e para sua reinserção nesse contexto será necessária uma reestruturação dos laços afetivos e remanejamento dos papéis familiares.

No aspecto econômico, as famílias com um padrão precário de renda têm um aumento de gastos financeiros com o retorno do seu membro apenado, pois a reinserção no mercado de trabalho é difícil para o egresso e a egressa (BRITO *et al.*, 2013). O tempo de encarceramento mascara a miséria, que ressurge com o retorno à liberdade (WACQUANT, 1999).

O preconceito por ser alguém que praticou um delito se configura como uma marca definidora daquilo que o sujeito passará a ser — um criminoso (WACQUANT, 1999). Diante disso, o indivíduo pode manipular uma informação sobre si mesmo para se proteger, ocultando uma parte desacreditada do "eu". Esse preconceito se expande para as relações pessoais. A interação com o outro passa a ser marcada pela angústia, e a pessoa estigmatizada pode responder antecipadamente ao encontro relacional com uma reação defensiva, se isolando das demandas sociais ou oscilando entre o retraimento e a agressividade.

A sociedade passa a identificar o indivíduo estigmatizado e os seus como uma só pessoa, exigindo de quem se relaciona afetivamente com o portador do estigma que suporte um peso que não é seu (GOFFMAN, 1963/2017). A egressa e seus familiares sofrem com essa realidade, tendo pela frente a tarefa de organizar novos padrões de interação e redefinir seus papéis, além da reconstrução individual.

Após sua reinserção na vida social, a egressa precisa enfrentar a estigmatização sofrida pelo fato de ser uma ex-detenta. Entretanto, além do preconceito da sociedade, ela deve lidar com as marcas internalizadas do estigma. Talvez esse mecanismo seja mais cruel do que aquele infligido pelo meio social, pois se trata da legitimação dessa marca impetrada pelo próprio discriminado (CUNEO, 2007).

Como estratégia para lidar com os efeitos do cárcere, muitas mulheres optam por mudar seu local de residência e deixam de fazer qualquer referência à experiência de detenção. Com esse recomeço em uma "nova vida", buscam apagar a passagem pela prisão (ALARCÃO; SIMÕES, 2010).

O estigma invisibiliza o sujeito (BRITO *et al.*, 2013) e desconstrói a sua estrutura egoica saudável. Assim, o encobrimento tem o objetivo de impedir que o sujeito sucumba à identidade de criminoso, evitando a reincidência. Nesse momento, a inserção familiar tem uma influência positiva de resistência contra o retorno ao universo criminal. Para a reintegração social, faz-se necessário um processo de comunicação entre a prisão e a sociedade, com o objetivo de promover na sociedade o reconhecimento como cidadãos dos presos e dos egressos, que são atualmente marginalizados (BARATTA, 2011).

Além do estigma, a egressa precisa lidar com as marcas advindas do processo de institucionalização vivido dentro do sistema carcerário. Nesse cenário onde impera um padrão rígido de regras aplicadas por meio da violência, esses elementos de opressão afastam o sujeito de si mesmo, e a desumanização e objetificação são uma consequência inexorável. Na cultura prisional, a necessidade de obediência às regras que são impostas favorece uma postura passiva e submissa. Por outro lado, o ócio propicia o aprendizado das mais diversas maneiras de cometer crimes (BRANCO, 2016).

Ao mesmo tempo, o cárcere pode proporcionar também a possibilidade de aprendizados que serão úteis mais adiante, se transpostos para a vida pós-prisão. Como a convivência forçada é uma condição inevitável, a prisioneira se defronta com o desafio de lidar com diversas singularidades, aprimorando sua capacidade relacional. As estratégias de atuação adquiridas dentro do universo prisional e a capacidade de fazer adaptações podem ser um elemento positivo para a vida em liberdade (LUCENA, 2014).

Quando retornam à liberdade, as mulheres precisam recuperar os seus projetos pessoais, mas o preconceito vivenciado por ser mulher e ter cometido um delito a mantém aprisionada mesmo fora do cárcere, dificultando o processo de reconstrução de si mesma e da sua vida (CARRILHO, 2017).

De acordo com Goffman (1961/1974), o encarceramento promove o exílio da própria vida. O período vivido no cárcere é sentido como perdido, um momento que precisa ser "apagado". Ocorre então uma extrema dificuldade na manutenção da integridade do "eu". A transformação na subjetividade a partir da reclusão é consequência da prisionalização, com a assimilação dos valores culturais próprios da instituição prisional.

As regras dentro da prisão não correspondem àquelas fora do cárcere, pois esses espaços funcionam como culturas distintas. Na prisão, os conflitos são equacionados através da força física, e o domínio é utilizado como instrumento de poder. Na sociedade, o uso do diálogo e da diplomacia é importante para a resolução dos impasses. Na cadeia, as ameaças, a insegurança e a descrença são os elementos que predominam. Na realidade extramuros, a confiança deve ser o componente primordial da relação (BARRETO, 2006).

Essa descrição evidencia a polaridade dos dois universos e ratifica a dificuldade de reinserção da egressa após a liberdade. Nessa circunstância, o sentimento de pertencimento fica abalado, e a vivência da exclusão causa angústia e preocupação recorrentes sobre a dificuldade de se inserir no meio social. Em alguns casos, a detenta chega a criar obstáculos para a sua soltura, cometendo indisciplinas que a levam para a tranca e prolongam a sua permanência. Outras vezes, retornam à prisão logo após terem saído (GOFFMAN, 1961/1974).

Há uma descrição da experiência da prisão que retrata a aridez dessa realidade: "O cárcere é o cemitério da poesia" (LIMA, 2016). Ao retornar ao convívio em sociedade e com a família, a egressa se depara com a delicada tarefa de resgatar a poesia da vida. Essa recuperação de si mesma e dos seus projetos pessoais está vinculada ao processo de reintegração social. Com isso, a reincidência da egressa no crime ou a marginalização secundária que poderá reconduzi-la à cadeia terão menos chance de ocorrência (BARATTA, 2011).

No contexto pós-cárcere, quando a relação amorosa é a repetição da escolha afetiva que foi preponderante para a entrada da mulher no sistema prisional, isso será um elemento favorecedor para a reincidência (LUCENA, 2014). Para entender o reflexo da experiência prisional para a mulher, é necessário um olhar mais amplo sobre as suas vivências anteriores, que não contemple apenas a sua relação afetiva, que pode ter sido disfuncional, mas também, por exemplo, a inserção na miséria e a exclusão social que propiciam a entrada no mundo do crime. É essencial a compreensão de que a subjetividade da mulher se constrói na intersubjetividade a partir de uma teia social e familiar, pautada por interações construídas ao longo da vida e fundamentais para o seu acolhimento após a liberdade (COSTA, E., 2008).

Além disso, após a soltura, a política pós-penitenciária focada no egresso é quase inexistente (LUCENA, 2014). O discurso do medo fomenta uma postura ideológica que incentiva o uso da violência e da prisão como instrumentos de combate ao crime (BORGES, 2018). Os esforços da sociedade estão centrados na tarefa de punir e rechaçar, não oferecendo recursos para a transformação das pessoas.

Dentro de uma sociedade punitivista prevalecem o culto ao sofrimento do outro e a valorização dos acontecimentos como um grande espetáculo. De acordo com Debord (2009), esse espetáculo é o conjunto de ações sociais mediadas pelas imagens. Nessa perspectiva, o aparecer é mais valorizado do que o ser.

Bauman e Donskis (2014) destacam que na atualidade o mal está na impossibilidade do ser humano se deixar afetar pelo sofrimento de outra pessoa. Com a falta de empatia, a insensibilidade prevalece sobre o olhar ético. Segundo esses autores, na "modernidade líquida" o formato invisível da maldade seria uma faceta do prazer pela punição e dor do outro. Contribuir para o aprisionamento e destruir a vida de um estranho demonstrariam como cada um de nós estaria satisfeito por cumprir o seu dever social e moral. O sentimento de humanidade fica enfraquecido. A "modernidade líquida" banaliza não somente o bem, mas também o mal. Essa perspectiva nos ajuda a compreender a concepção social de que "bandido bom é bandido morto", traduzindo uma postura social e política de caráter punitivista. Esse mesmo entendimento fortalece a valorização do encarceramento em massa, assim como a anuência das más condições da prisão, com base na concepção de que, além de perder a liberdade, deve-se perder também a dignidade.

O cárcere tem a função de neutralizar o detento e imprimir um castigo "justo" por seu delito. Soma-se a isso o objetivo de isolar essas pessoas da sociedade dita "normal" e formar verdadeiros depósitos humanos de segregação e sofrimento (BARATTA, 2011). Após a liberdade, os dilemas vividos pelos egressos em seu processo de desencarceramento se assemelham a uma penalização da miséria. O Estado organiza o sistema em torno da aplicação de seus aparatos jurídicos e policiais voltados contra a população pobre, em detrimento da criação e ampliação de políticas sociais. Em decorrência desse modo operacional, temos o desamparo que leva ao ingresso e à reincidência no crime (WACQUANT, 1999).

A experiência do cárcere transfere para os descendentes o peso do estigma e reproduz um padrão de segregação já vivenciado pelas mulheres, demonstrando a transmissão de geração a geração dos valores sexistas, racistas e de classe. São famílias que vivem um cotidiano de violência e perdas. A recorrência dessas experiências favorece a banalização do sofrimento e a aceitação do lugar de menos-valia. A vulnerabilidade social e emocional direciona a mulher para a criminalidade. Após a sua liberdade essa fragilidade se mantém e ressurge ainda acrescida do estigma. Diante do enfrentamento da vida pós-muros, a mulher pode perseguir a superação ou, em vez disso, a repetição da posição de criminosa.

O estigma tem a força da desconstrução da própria identidade, levando a um afastamento de si mesmo. Essa condição produz a inutilidade e a invisibilidade (SOARES; BILL; ATHAYDE, 2005). Em decorrência de uma experiência tão devastadora, essas mulheres podem vir a experimentar uma ausência de contato verdadeiro consigo mesmas e, consequentemente, ter dificuldade de uma experiência espontânea e construtiva com o mundo. É difícil a tarefa de elaborar essa experiência traumática para, na medida do possível, reintegrá-la ao restante da personalidade e propiciar um sentido real de atividade e identidade.

PARTE III
ANÁLISE DOS RESULTADOS DA PESQUISA

- A metodologia utilizada
- A violência no cárcere
- A rede de apoio
- Vergonha, culpa e reparação
- Os abalos nos vínculos familiares
- Os efeitos do cárcere
- O "amor bandido"
- A família atrás das grades

CAPÍTULO 11

A METODOLOGIA UTILIZADA

O objetivo geral foi investigar a percepção de mulheres egressas do sistema prisional sobre as repercussões do encarceramento feminino nos laços familiares. Além disso, buscou-se estudar as implicações para o subsistema parento-filial e compreender a vivência da reinserção na rede familiar após o desencarceramento. Para tanto, foi realizada uma investigação de natureza qualitativa, por meio de uma pesquisa de campo com entrevistas presenciais, seguindo um roteiro semiestruturado. Em um primeiro momento, foi realizado um estudo-piloto que permitiu os ajustes necessários ao roteiro para a continuidade do processo de entrevistas.

O perfil das entrevistadas

Foram feitas entrevistas com nove egressas do sistema penitenciário, com idades entre 22 e 41 anos. O tempo mínimo de reclusão foi de quatro meses e o máximo de sete anos e oito meses. Todas as entrevistadas exerciam, antes do encarceramento, uma função laboral correspondente a um subemprego. Os tipos de delitos cometidos pelas entrevistadas foram roubo, homicídio, sequestro, assalto, estelionato e tráfico de drogas, sendo esse último o mais frequente. Na ocasião da pesquisa, o tempo decorrido após a soltura de cada uma se situava entre seis meses e dois anos e meio.

Os procedimentos empregados

O critério para o recrutamento das entrevistadas foi de que as mulheres já tivessem filhos antes da detenção e se encontrassem em liberdade há pelo menos seis meses. Esse recorte era indispensável para que fosse possível observar o impacto na relação parento-filial durante o encarceramento e identificar as repercussões para a egressa e a família em geral, com a sua reinserção após a soltura.

A seleção das participantes foi efetuada através do Patronato Magarinos Torres, local onde também foram realizadas todas as entrevistas.

Essa unidade de atendimento recebe as egressas do sistema penitenciário em cumprimento de pena restritiva de direito como alternativa penal.

Após a transcrição das entrevistas, os dados coletados foram submetidos ao método de análise de conteúdo segundo Bardin (2011). Por se tratar de um estudo exploratório, esse tipo de análise é mais adequado, pois permite o seu desdobramento em categorias e padrões de respostas, sem que as conclusões estejam vinculadas a uma hipótese prévia. A rigor, é importante que as respostas dos sujeitos cubram todos os pontos, sem, no entanto, estabelecer um sequenciamento rígido, pois se privilegia a espontaneidade.

Essa técnica "apoia-se numa concepção da comunicação como processo e não como dado" (BARDIN, 2011, p. 217). A entrevista é um instrumento objetivo, cuja finalidade é buscar a subjetividade do conteúdo exposto. Valorizar a singularidade apresentada em cada entrevista é condição essencial. De acordo com essa perspectiva metodológica, o objetivo é levantar sucessivas hipóteses e verificá-las sob a forma de questões ou afirmações provisórias.

Vale destacar que esta pesquisa se insere dentro de um perfil de análise caracterizado por uma amostra não probabilística de conveniência, o que implica dizer que os resultados encontrados não podem ser generalizados. Da análise do material, emergiram as seguintes categorias: *violência no cárcere*; *rede de apoio*; *vergonha, culpa e reparação nos laços familiares*; *abalo nos vínculos familiares*; *efeitos no cárcere*; *laços amorosos e o transgredir feminino*; e *a família atrás das grades*.

A seguir, apresentamos os dados biográficos das participantes (QUADRO 1). Para preservar suas identidades, optamos por utilizar apenas a letra inicial de seus nomes.

QUADRO 1 – Dados biográficos das participantes

NOME	ESCOLA-RIDADE	TIPO DE DELITO	TEMPO DE PRISÃO	TEMPO DE LIBERDADE	Nº DE FILHOS
C.	Ensino Fundamental	Associação ao tráfico	4 meses	2 anos e 4 meses	2 filhos
C.I.	Ensino Médio incompleto	Roubo	2 anos e 4 meses	1 ano	1 filha
N.	Ensino Fundamental II incompleto	Homicídio	7 anos e 8 meses	2 anos	2 filhos
M.S.	Ensino Médio incompleto	Sequestro	7 anos	4 anos	3 filhos, um deles falecido
G.	Ensino Médio incompleto	Assalto	3 anos	2 anos e 6 meses	2 filhos
P.	Ensino Médio	Tráfico de drogas	1 ano regime fechado e semiaberto	2 anos	1 filha
A.	-	Tráfico de drogas	3 anos e 4 meses; 4 anos	2 anos	3 filhos
C.S.	Educação Fundamental I incompleto	Roubo e tráfico de drogas	28 dias; 2 anos e 2 meses; 1 ano e 4 meses; 1 ano e 6 meses	6 meses	2 filhos
F.	Ensino Médio incompleto	Tráfico de drogas e estelionato	3 anos e 8 meses	1 ano	1 filho

Fonte: elaborado pela autora

Os cuidados éticos observados

Para a execução das entrevistas, foi realizada a assinatura do Termo de Consentimento Livre e Esclarecido (TCLE) em duas vias; uma para a entrevistada e outra para a entrevistadora. O projeto de pesquisa foi aprovado pelo Comitê de Ética, sob o protocolo de número 5/2018. As entrevistas foram individuais e presenciais, executadas de acordo com a vontade e a disponibilidade das participantes. Foram feitas gravações de áudio para posterior transcrição integral. Nomes fictícios foram atribuídos às participantes, a fim de preservar o seu anonimato.

A população pesquisada exige um cuidado maior na abordagem e manejo da entrevista, principalmente por se tratar de um grupo vulnerável, menos apto a se defender. A população carcerária feminina é composta em sua maioria por mulheres de baixa renda e negras, aproximando o conceito de vulnerabilidade ao de desigualdade, nesse caso apresentando-se a dissimetria social, racial e de gênero. Essas características demandam algumas especificidades na condução das entrevistas (ZAPPE; SANTOS; FERRÃO; DIAS, 2013).

Em primeiro lugar, são mulheres que têm a sua autonomia ainda não exercida de forma plena. Além das marcas subjetivas advindas da vivência no regime fechado, nesse momento ainda não estão desvencilhadas das obrigações com a justiça criminal. Dessa forma, ao serem abordadas a respeito do aceite em fazer parte da pesquisa, muitas indagavam se seria obrigatória a participação.

Outro fato corriqueiro era a interferência no decorrer da entrevista. Essa interrupção estava associada às burocracias referentes ao funcionamento do serviço. É possível pensar que, mesmo diante do esclarecimento da não obrigatoriedade da entrevista, elas poderiam imaginar que sofreriam algum tipo de represália diante de uma negativa. Além disso, os conteúdos expostos as mobilizaram intensamente.

Diante desse quadro, algumas mulheres se negavam a participar ou não davam continuidade quando ocorria alguma interrupção. Muitas vezes a dinâmica dessas entrevistas revelava os padrões vivenciados por elas ao longo do encarceramento — a interrupção de suas vidas, a invasão e a falta de um espaço próprio, entre outros. Respeitar o fato de algumas preferirem recusar a participação na pesquisa ou não dar continuidade à entrevista após uma interrupção feita pela instituição tem um significado importante — contrariar a repetição de padrões abusivos e coercitivos habitualmente experimentados por essas mulheres.

CAPÍTULO 12

A VIOLÊNCIA NO CÁRCERE

A realidade opressora do cárcere naturaliza a arbitrariedade no uso do poder, empregando mecanismos de controle violentos, tanto do ponto de vista físico como psíquico. A violência é uma prática incorporada ao sistema penitenciário, e seu emprego como ferramenta para domesticar inclui agressões físicas e verbais. As privações do contexto prisional são desumanas, e nesse ambiente a violência que ocorre nas relações entre as detentas e a instituição e também entre si mesmas pode ser dividida em dois planos — objetivo e subjetivo.

A violência objetiva

Em um sistema marcado pelas violações dos direitos humanos, as condições ambientais estão entre as privações objetivas que causam um forte impacto negativo sobre as detentas. Além da precariedade das instalações físicas, a falta dos produtos básicos de higiene pessoal e a péssima qualidade da alimentação são queixas frequentes de todas as mulheres. Outra reclamação comum é a dificuldade para um período de sono regular. Operando no registro da exclusão e da desigualdade, o sistema prisional não atende a essas condições mínimas de subsistência e desumaniza a mulher que está presa, com repercussões concretas e simbólicas:

> *Era treze e cama tinha só pra dez. Não, era seis cama só. Tipo assim, as mais antiga dorme na cama e as novata no chão. Aquela pessoa antiga que for sendo transferida ou for embora, aquela que chegou primeiro vai subindo. Você chegou hoje, até esperar a tua vez, demora. A D.* [se tornou amiga], *quando ela chegou eu já estava. Mas aí eu deixava na cama, eu dei lugar pra ela dormir comigo na cama, porque ela tinha bronquite, sinusite. Deus nos sustentou.* (C.)
>
> *Você ter que dormir com medo ou não dormir, entendeu?* (G.)
>
> *A alimentação, maioria das vezes vem estragada, vem falta de carne, vem o arroz já tá passado, aquele arroz que ele é feito no dia, mas ele já chega lá estufado. Não sei o que acontece com o arroz deles, nunca mais eu quero ter um arroz daquele.* (F.)

A superlotação é um aspecto recorrente dentro do sistema penitenciário. Os dados revelam que 43% das presas se encontram em unidade prisional com uma a duas pessoas por vaga. Em alguns espaços prisionais esse número se altera ainda mais drasticamente, chegando à quantidade de 14% das mulheres vivendo em ambiente de superlotação (CARRILHO, 2017). Essas condições acarretam situações subumanas de existência, sendo empregadas como elementos de perpetuação do controle e do poder (BRITO *et al.*, 2013; SANTOS, 2007).

Mesmo em um momento de repouso, é preciso se manter em estado de alerta constante a fim de proteger a própria integridade física. Para prevalecer, a violência precisa de duas classes antagônicas de hierarquia — o dominado e o dominante. O domínio se confirma pela submissão, e sua aceitação perpetua a manutenção da violência (HAN, 2011/2017). Vale destacar que a violência é tanto estrutural quanto simbólica.

As relações violentas

A violência pode se apresentar de forma explícita, como a superlotação das unidades, ou de maneira mais sutil, como nas regras relacionais implícitas que são internalizadas e naturalizadas pelos envolvidos nessa dinâmica. As entrevistadas revelam a existência de uma dupla opressão no campo relacional, exercida de um lado pelo código de regras das detentas e de outro pelas normas da instituição carcerária:

> *Eu não quis trabalhar no sete, porque se você não ajuda a colega você é vacilão; então eu não quis trabalhar por esse motivo, porque elas podem pedir pra você passar um telefone, passar pelas guardas, esconder, e se você não quiser fazer você não presta. Pra você não ficar ruim nem com elas e nem com as guarda eu não fiz.* (P.)

> *Ainda mais que eu comecei a trabalhar no gabinete da diretora. Quando eu comecei a trabalhar lá eu pedi pra sair. Pela pressão. [...] É, ameaça: "ah, o que que você tá fazendo?", "você tá puxando saco de funcionário, que não é assim, elas são tudo safada". Ih, aí eu procurei sair, entendeu?* (G.)

Esses depoimentos explicam a opção por abandonar as oportunidades de trabalho, mesmo sendo um importante benefício conquistado. Os serviços oferecem a vantagem de uma maior mobilidade pelas dependências da unidade, mas criam uma situação de pressão e constrangimento para atender aos pedidos de outras detentas. Se rejeitar a solicitação, por exemplo, de entrar com um celular na cadeia, a detenta será punida pelo grupo. Se ceder, corre o risco de ser penalizada pelas guardas. Ou seja, qualquer escolha se dá num contexto de relações violentas, em situações paradoxais.

Dentro do ambiente prisional, vigiar e delatar são recursos empregados com frequência, como autoproteção diante de possíveis prejuízos que possam ser causados por uma retaliação, tanto das internas como das guardas e da direção. Segundo o conceito de "servidão voluntária" de La Boétie (1576/2010), as pessoas têm responsabilidade própria por aceitarem o lugar de tiranizadas. Nessa perspectiva, entende-se que o autoritarismo já está introjetado, e qualquer pessoa pode ter o ímpeto de tiranizar quem está abaixo hierarquicamente. As relações sociais se constroem sob vários ditames, entre eles o desejo de dominar o outro, gerando o comportamento violento. De acordo com esse ponto de vista, todos se consideram com o poder de oprimir e excluir.

No contexto do encarceramento, tornam-se regras as relações de favorecimento e obediência. O ambiente prisional é um cenário profícuo para conflitos e desentendimentos. Nessa conjuntura, as crises relacionais entre as detentas são resolvidas por meio de acirradas disputas e desavenças:

> *Então você... imagina você conviver com toda aquela gente ali, o gênio da pessoa, né, o estado emocional da pessoa, porque ali é um atrito toda hora... [...] Ah, gostei dessa calça, quero. Aí ficava aquela coisa, vinha outra, apartava, aquele negócio todo, porque também se você não se impõe... entendeu?* (M.S.)

> *E quando essas pessoas elas oprimem as outras para ter, assim arrumam uma forma daquela pessoa ficar na mão dela, vamo botar assim: aquela pessoa ia fazer mal então eu tinha que pagar a ela pra ela não me fazer mal, sabe como é que é?* (F.)

> *Aí um remédio que você consegue na galeria com a funcionária já é motivo de: "por que que você dá remédios pra ela? E eu não tenho por quê?, se eu sou presa igual a ela?"* (G.)

O sentimento de coação é citado com regularidade entre as detentas. A necessidade de não ceder é reforçada, uma vez que não se deixar subjugar nessa circunstância é crucial para manter o respeito das outras mulheres. É também relatado que as brigas são gratuitas e o medo uma constante. Em um ambiente onde prevalece a desconfiança, se instala a violência (HAN, 2011/2017) e os conflitos são extremamente acirrados. Uma das razões para isso é que o convívio se dá entre pessoas com características muito distintas, e esse relacionamento não foi uma escolha pessoal, mas fruto de uma imposição. Muitas vezes, há mulheres que cometeram crimes distintos dentro do mesmo espaço de convivência. Essas discrepâncias são resolvidas por meio de atitudes violentas (BARRETO, 2006):

> *E saber lidar com todo mundo de todos gêneros, de todos os tipos, de todos os lugares, de todos os artigos, né? Porque nem sempre é tipo assim: você chega no sistema tem as visão, né, dos artigo, é 157, é 3.340 ou 33, é tudo separado, né? Tráfico, então às vezes você vai num coletivo que ainda não fez essa divisão, então ali tem traficante, tem assassina, tem mulher que furta, tem mulher que esfaqueou, mulher que baleou, que trocava tiro com a polícia.* (G.)

Nessas circunstâncias, o relacionamento com o outro se mantém através de um equilíbrio tênue, próximo à ruptura. Muitas mulheres optam pelo isolamento, tendo o menor contato possível com as outras. Quando a vida fica praticamente desprovida dos aspectos relacionais fundamentais para a estruturação psíquica, a aproximação consigo mesma se encontra também enfraquecida, e existir passa a ser um ato de resistência. Nessas situações, a privação da liberdade se estende à privação relacional, tanto no âmbito interno quanto nos vínculos externos (HAN, 2011/2017). Muitas vezes aquelas que não obtinham visitação tentavam intimidar as outras, pois as presas que recebem visitas costumam ganhar suprimentos de higiene pessoal e alimentos:

> *As pessoas são covardes, que as pessoas se aproximam, que as pessoas usam da sua boa vontade, entendeu? Ali você consegue ver esses tipos de espécies de pessoas, ali a oprimissão é grande, eu nunca tinha sido oprimida na minha vida. [...] Então quando você tem a sua visita, você tem a sua situaçãozinha razoável, as pessoas têm olho grande, arruma confusão à toa.* (F.)

Dentro do espaço prisional, a opressão tem presença constante. Esse padrão, próprio da instituição prisional, é absorvido pelas presas e reproduzido de forma permanente. A dificuldade de convívio no ambiente do encarceramento pode também ser entendida a partir da vivência de opressão imposta às detentas pelas guardas/instituição, transferida para a relação entre elas. Nesse tipo de vinculação prepondera o padrão dominador *versus* dominado, que reproduz as relações violentas vividas constantemente no espaço prisional e estabelece uma relação de hierarquia entre o agressor e a vítima, empregando como instrumento de poder a intimidação (SCHERER; SCHERER, 2009). Esse modelo serve também como recurso alternativo de sobrevivência.

A violência subjetiva

Em um ambiente onde a violência é permanente, a mudez se torna uma opção. Esse contexto se opõe ao espaço de fala e produção de diálogo que seria favorecedor da coesão entre as presas (HAN, 2011/2017). Uma das maneiras de impor a institucionalização no cárcere se dá através da resposta negativa que é dada às detentas para quase todas as situações. Diante dessa realidade, elas aprendem a se calar. A capacidade de escolha inexiste e o sujeito passa a responder somente às imposições vindas de fora (BARRETO, 2006).

Um dos impactos negativos da experiência do cárcere é chamado de "prisionização". Trata-se da adoção pelas detentas dos modos de vida da cultura prisional, introjetando esse padrão de atuação e acentuando a desapropriação de si mesmas. Nesse processo, quanto maior o tempo de encarceramento, melhor a adaptação ao meio prisional (CUNHA, 1991):

> *Quando cai a ficha que a gente tá lá, a gente já tem um ano, quando cai a ficha assim que não tem mais jeito pra você correr, porque ainda acredito em advogado, que advogado vai tirar a gente, vai acontecer, vai acontecer e não acontece. Quando chegou um ano naquele lugar, falei: "Não vou mais embora daqui, vou viver isso aqui pro resto da minha vida". E aquilo dali foi virando uma tortura porque você vai se acomodando àquilo dali, já é vida, você perde as perspectivas que tem aqui fora, entendeu?* (F.)

> *Porque assim: a gente chega, a gente tem que se adaptar ao sistema, literalmente, porque assim a gente tem um jeito de viver fora; quando chega lá dentro é uma outra coisa, é disciplina sem parar. Isso com as guardas, com os guardas e também existe um ritmo de viver ali dentro. Ali você não chega, você não grita à hora que você quiser, você não dorme na hora que você quiser, tudo são regras, tudo são regras. Então você tem que se adaptar, tudo aquilo ali e até você conviver, a gente*

> *convive com a nossa família e às vezes a gente não gosta, você imagina você conviver... eu já vivi em cela de 54 pessoas, entendeu?* (M.S.)
>
> *Muitas das vezes* [funcionárias do Desipe[1]] *me chamavam de interna: "Ô interna! Você tá pensando que você tá aonde, na sua casa? Aqui não é a sua casa!" E começa a gritar.* (C.S.)

Esse afastamento de si mesma é promovido desde o início do aprisionamento. Logo no primeiro momento, a detenta permanece dez dias "na tranca" (solitária) para se ambientar às regras da prisão. De acordo com Foucault (1975/2016), os mecanismos disciplinares produzem "corpos dóceis". Elementos disciplinares são introduzidos, e o adestramento dos comportamentos tem a finalidade de instalar e manter o poder. A imposição de um ambiente de tensão permanente funciona como força estratégica de controle. A sentença de prisão se transforma em exílio da própria vida (GOFFMAN, 1961/1974), desencadeando a desesperança, a descrença diante da probabilidade de liberdade e reconstrução da vida após o cárcere.

A desesperança no futuro, a dificuldade de lidar com um presente imerso na dor e o fato de estar desprovida de si mesma levam algumas vezes a mulher a buscar a alternativa do suicídio. Nesse momento, ela estaria atuando ativamente sobre o seu corpo e sua vida:

> *Primeiro eu queria me matar; eu pensei em amarrar um lençol na grade e me enforcar; aí depois eu tomei um monte de remédio, peguei um monte de remédio controlado e tomei tudo de uma vez.* [E continua:] *Aí eu comecei a ver que isso não ia dar em nada. Tirar a minha vida a troco de quê, entendeu? Se eu tava perdendo alguma coisa aqui, lá fora eu tinha muito mais ainda pra perder, entendeu? Aí eu fui deixando esse espírito de assassina e fui vivendo da melhor forma.* (G.)

Sobre esse tema, o Infopen (SANTOS, 2011) informa que a população prisional feminina apresenta 20 vezes mais chances de cometer o suicídio do que a população fora do cárcere. Na maioria das vezes, o histórico de violência vivido por essas mulheres se inicia antes do aprisionamento e atinge seu ponto máximo com a experiência no cárcere, podendo culminar na tentativa ou no próprio ato suicida.

Outro fator importante é o tempo de encarceramento. Quanto mais longo o cumprimento da pena, maiores as chances de se cometer

---

[1] Desipe: Departamento do Sistema Penitenciário do Rio de Janeiro.

suicídio. Diversos aspectos propiciam a eclosão de sintomas que irão favorecer o aumento dessa estatística — quadro depressivo; dificuldade de acessar a memória; perda do apetite; inibição; e ideias autodestrutivas (BITENCOURT, 1993/2017).

O ataque aos vínculos

Algumas guardas costumam inutilizar os alimentos trazidos pelas visitas. Trata-se de uma prática cruel e violenta, dirigida contra os laços familiares:

> *Sinceramente, o que partia mais o meu coração lá dentro é quando ele levava as coisa e tinha o baque de cinco minuto [...] depois da visita. Elas vão na grade e fala: "baque de cinco minutos!", se você não catar tudinho que é seu ela joga água ou joga no chão. A gente tem que enrolar no lençol que a gente se cobre, amarrar e botar nas costa e sair, a gente vai pro pátio de visita. Elas dava geral na cela. Tinha muita gente que não tinha visita, juntava eu e outras meninas e dava pra fulano leite, biscoito, tinha vezes que elas fazia isso e a gente nem podia dividir com o próximo. Elas acham que iam fazer a revista, vamos supor, pra ver se acha um celular, droga. [...] Então, tipo assim: o que fica na cabeça da gente que tá lá é que elas só fazem isso para destruir o que as família leva.* (C.)

> *Jogavam sabão em pó na comida de todo mundo, se encontrasse droga todo mundo pagava o pato, você não podia comer biscoito com sabão em pó, né?* (P.)

Dentro da realidade do encarceramento feminino, cerca de 38% das mulheres recebem visita, um número muito inferior quando comparado ao universo masculino (BRASIL, 2008). Além disso, a maioria da população carcerária é pobre, necessitando de um grande sacrifício para custear o transporte até as unidades prisionais e levar os produtos básicos de higiene que o Estado não fornece. Os familiares levam também alimentos para suprir a precariedade da alimentação na cadeia. As atitudes violentas de destruição dos alimentos e outros produtos parecem estar dirigidas aos laços afetivos e familiares. Ao estragar os suprimentos, percebe-se uma tentativa de desvincular todos os aspectos que remetem ao mundo externo, tanto por uma concepção cruel como pelo intuito de desumanizar as detentas, que dessa maneira se tornam mais subservientes ao sistema (BARRETO, 2006).

CAPÍTULO 13
A REDE DE APOIO

Na maioria das vezes, a rede de apoio externo das detentas é composta por membros femininos do núcleo familiar. Uma das entrevistadas relata que a mãe, irmã e sogra se revezavam para a manutenção das necessidades das crianças durante sua ausência. As três também se alternavam nas visitas e levavam o filho para vê-la. Essa é uma situação emblemática que demonstra como a família procura se organizar diante da falta da figura materna. A atuação dessa rede familiar é fonte de apoio primordial para a detenta, que precisará de suporte durante o encarceramento e quando da sua reinserção no contexto familiar:

> *A minha mãe levava, minha mãe e minha irmã me visitava. Mãe sempre acompanha o filho por mais errado que esteja.* (A.)

> *Ele* [pai dos filhos] *trabalhava na padaria, então ele saía de casa quatro e pouca da manhã. Só o dia que ele ia me visitar que ele já tinha avisado pro patrão e não ia. Quando ele ia trabalhar, as criança já dormiam na casa da minha mãe, porque ele saía de madrugada, pras crianças não ficar sozinha, eles já dormiam na minha mãe. Quatro horas da tarde ele pegava na escola. Minha mãe colocava eles na escola, a minha comadre ia lá, arrumava eles, levava pra escola.* (C.)

> *Ela* [sogra] *é um anjo na minha vida, se não fosse ela só Jesus.* (G.)

Na situação de aprisionamento feminino, quando a mãe é presa, somente 20% das crianças ficam sob a responsabilidade do pai (SANTOS, 2007). Porém, no nosso grupo de entrevistadas, percebe-se um enquadre diferenciado, pois a participação masculina se fez presente. O relato de C. se insere dentro desse contexto incomum. O pai das crianças, já separado da entrevistada, muda-se para a casa de seus filhos e, além de cuidar deles, acompanha a ex-mulher durante o cumprimento da pena:

> *[...] O pai dos meus filhos fez carteirinha pra me visitar. [...] Cuidava das crianças. Ele também ia ao Fórum [...]. Ele comprava os produtos de higiene pra mim, quando ele ainda não tinha recebido, a*

> *minha mãe comprava e ele levava. Quando ele não tinha dinheiro da passagem a minha mãe dava e ele ia.* (C.)
>
> *O pai ficou com elas, só que a minha mais velha ficou de maior, dezoito anos, casou, e aí casando veio morar perto da minha mãe e ficou com a mais nova. Quando eu saí da PAD² ela ia fazer onze anos.* (A.)

Diante do abrupto afastamento materno, a família precisa se reorganizar e contar com uma rede de apoio ampliada. São situações muito desfavoráveis que demandam uma colaboração mútua, e muitas vezes uma rede de solidariedade se organiza na tentativa de preencher os espaços em que o Estado deveria atuar (SILVA, 2015). Nos momentos de vulnerabilidade, as redes de apoio social e afetiva são cruciais para o enfrentamento e construção da resiliência necessária.

A rede de apoio também se organiza na cadeia. As detentas oferecem amparo mútuo numa teia de solidariedade que faz diferença diante de situações de extremo sofrimento:

> *É... porque assim: uma pessoa que tá antes e já deu uma superada, né? E saber que tem que esperar, quando chega uma nova que tá naquele desespero, aquela outra tá ali para poder te dar uma ajuda... de palavra para você calmar, para você esperar mais um pouco, que a lei vai ser a seu favor. Qualquer coisa desse tipo para ver se você dá uma segurada ali; você sabe que é difícil, às vezes você olha não tem nada em volta, mas tem aquela palavra amiga que te dá algum refrigério ali na hora. Daí então eu falava: "Não tô aguentando. Ah, meu Deus, meus filhos tão lá fora", "Calma que você vai conseguir, não vai morrer aqui dentro". Assim, sabe, as pessoas confortando a gente ali.* (M.S.)
>
> *T., eu criei um vínculo com ela, familiar, assim muito forte. T. se tornou uma grande amiga que se alguém... que eu não sou muito boa de briga e ela era muito boa de briga, se alguém se metesse comigo ela que batia. Então as pessoas evitavam de arrumar problema comigo porque sabia que quem resolvia era ela. Ela me superprotegia, ela me chama de irmã. Ela criou aquele carinho, aquele afeto, que eu sou aquela irmã mais nova.* (F.)

A convivência forçada do contexto prisional pode ser geradora de diversos conflitos, mas ao mesmo tempo esse convívio constante pode propiciar a formação de uma rede de solidariedade. Como todas

---

² PAD: abreviatura para Prisão Albergue Domiciliar.

estão enfrentando uma mesma realidade que se apresenta de forma tão sofrida, essa interação pode não ser somente de rivalidade e competitividade, mas também de apoio mútuo (FRINHANI; SOUZA, 2005). Assim, as mulheres dividem os suprimentos que recebem da família com aquelas que não recebem visitas, demonstrando prevalecer uma rede de solidariedade. O aprendizado de noções positivas na cadeia, quando isso é possível, torna-se um excelente aliado, não só para a preservação da saúde emocional durante o tempo de reclusão, mas também para a futura reintegração na sociedade e na vida familiar.

CAPÍTULO 14

VERGONHA, CULPA E REPARAÇÃO

Entre as inúmeras dificuldades narradas pelas mulheres dentro do sistema prisional, a maior delas é o afastamento da família, especialmente dos filhos e filhas (SILVA, 2015; SOARES; CENCI; OLIVEIRA, 2016). O sofrimento e a culpa por não conseguir acompanhar o crescimento das crianças e adolescentes aparecem de forma constante em seus relatos. Paradoxalmente, percebe-se uma opção por evitar esse contato, tanto pela vergonha por estar presa como pelo temor do novo afastamento após a visita. A dor por não ter estado próxima em momentos importantes traz um acréscimo de sofrimento ao distanciamento. Observam-se também tentativas de reparação pelos danos causados por esse afastamento:

> *E eu me culpo assim por eu ter perdido muito tempo dele. Ele teve algumas evoluções; ele começou a engatinhar, ele começou a sentar, e eu não pude acompanhar isso, entendeu? Hoje eu acompanho, mas o tempo que a gente perde não volta mais, nada na vida. Hoje se a gente pagar, se o dia passar e a gente trancada aqui, não vai voltar amanhã pra gente corrigir o que foi feito hoje. Então isso pesou muito a minha cadeia, isso pesou muito na minha vida, nas minhas escolhas.* (F.)

Sentimentos de culpa, frustração e dívida pelo distanciamento dos filhos geram angústias significativas, que tanto podem ser fonte de paralisação como de transformação. Quando for possível acionar uma reação positiva diante da dor, como no caso narrado anteriormente, isso poderá desencadear um movimento para mudança.

O papel social das mulheres e o modelo de maternidade são agravantes da culpabilidade das detentas. Elas continuam sendo as maiores responsáveis pelo desenvolvimento de seus filhos. Não assumir esse dever corresponde a mais uma transgressão cometida. A mulher é culturalmente representada pela maternidade. Se a conduta de boa mãe torna a mulher santificada, há também o oposto — a mulher passa a ser demonizada quando não corresponde a essa expectativa (BADINTER, 1980/1985).

A ocultação da realidade do cárcere é utilizada pelas prisioneiras como mecanismo de defesa e está relacionada à vergonha e à culpa. Isso fica claro quando elas não permitem a visita, ou contam aos filhos e filhas que estavam trabalhando, ao invés de admitir sua real situação. Dessa forma, buscam encobrir a passagem pelo encarceramento das pessoas queridas e até de si mesmas:

> *Ah, porque, tipo assim, eles sempre me viram na rua e eles iam me ver lá dentro, ia ser mais um desespero na hora de ir embora, porque eles iam embora e eu ia ficar. Lá dentro, o que eu passei, eu não queria que os meus filhos me vissem passando. Ainda mais o meu filho de onze meses. Naquele momento de visita eu amamentava ele e, na hora de ir embora, como é que faz? Eu já estava longe deles, aí eu falei: "Deixa eles lá, eu vou ficar aqui o tempo que Deus permitir e lá fora eu começo a minha vida toda de novo".* (C.)

> *Minha filhinha foi crescendo, quando eu falava que ia trabalhar fora de casa ela ficava doida.* (P.)

> *Ela aceitava quando eu tava na delegacia: "Vamo vê a minha mãe, ela tá trabalhando" e ela aceitava. O dia que ela viu a polícia, ela falou: "A minha mãe não tá trabalhando nada, a minha mãe tá presa". Aí a irmã dela falou: "Ela tá trabalhando pra comprar a sua boneca", "ela não tá trabalhando, ela tá presa".* (N.)

A ferida narcísica e a angústia produzem uma tentativa de evitar temas relacionados ao cárcere, com a suposição de estarem poupando os filhos e a si mesmas do enfrentamento da experiência vivida e da dor que ela acarreta (ROSA, 2001). Os sentimentos de vergonha e culpa são evidenciados, tanto por ocultação como por negação do cárcere. Essas reações atravessam as relações afetivas, encobrindo a realidade do afastamento. Através dos pactos de segredo, as marcas permanecem vivas, com pouca possibilidade de transformação (PUGET, 2001). Os segredos, distorções e ocultações aparecem frequentemente nas situações de delito, como tentativa de encobrir o dano moral. Importantes são os acontecimentos não representados ou encobertos por uma ideia imaginária que impede o sujeito de se interrogar (ROSA, 2001). Muitas vezes a manutenção desse acordo se faz pelo temor de uma ruptura da estrutura familiar (PUGET, 2001).

O aprisionamento, por ser um evento inesperado e promover alta carga de sofrimento diante da separação, pode gerar uma fixação dessa experiência, tanto pela intensidade do impacto como pelo fato desse conteúdo não ser verbalizado. O não dito se instala pela dificuldade de nomear uma experiência brutal, assim como pelo pacto inconsciente entre os membros da família, e é capaz de elevar a potência negativa do acontecimento vivido (PUGET, 2001). Nesse momento é essencial acessar o dispositivo do diálogo, pois falar sobre a dor permite sua dissolução. Elaborar o passado individual e familiar não se faz a partir do segredo e do esquecimento. O luto do sofrimento vivido, tanto no plano individual quanto familiar, precisa de espaço de fala para ser reformulado, pois aquilo que foi reprimido retorna por várias gerações como sintoma, clamando por ser ouvido (ROSA, 2001).

O encarceramento é um evento traumático que desorganiza a vida objetiva e emocional da mulher que cometeu o delito, mas também se expande por toda sua família. São inúmeros os efeitos produzidos nos filhos de mulheres que passaram por essa experiência. Dentre eles, observa-se uma probabilidade maior de entrada no mundo do crime, repetindo um padrão criminógeno. Durante a pesquisa, uma entrevistada relatou que teve o filho envolvido no tráfico de drogas e, posteriormente, morto:

> *Eu fiquei muitos anos, já tem seis anos que ele faleceu. Então ficava me culpando por ter passado por tudo isso. Não fiquei junto com ele, poderia ter livrado, mas a gente não sabe o nosso destino, a gente não sabe o que poderia acarretar, mesmo se eu não tivesse dentro da unidade, não tivesse passado por aquilo ali, quem sabe é Deus, né? Então, pra mim, foi difícil e eu fiquei com aquilo ali muito tempo, é... me martirizando, né, até mesmo... colocar na mão de Deus.* (M.S.)

É importante considerar a vertente simbólica do aprisionamento, uma vez que o estigma social aprisiona o sujeito no lugar da vergonha, do indigno, do criminoso (FERREIRA *et al.*, 2015). O julgamento social recrimina duplamente a mulher/mãe — por ter cometido um delito e também pela falta de cuidado com os filhos, que ficam sem a presença materna. A percepção de fracasso as acompanha, tanto por terem sido privadas de liberdade quanto por terem afastado os familiares do seu convívio. Nessas circunstâncias, a própria mulher pode vir a se recriminar severamente. O encobrimento do encarceramento também se dá com o intuito de autoproteção, buscando ocultar uma parte desacreditada dela mesma (GOFFMAN, 1963/2017).

O sentimento de culpa gera a necessidade de compensação, e isso transparece na fala de algumas das entrevistadas. O esforço para recompensar o período de ausência se revela no desejo de se manter trabalhando em casa, e no prolongamento da amamentação:

> *Por causa da minha filha,* [quero ficar trabalhando em casa] *como eu falei já fiquei muito tempo longe dela, aí eu vou sair pra trabalhar de manhã e voltar à noite. Eu quero dar mais atenção pra ela. Meu marido é aposentado, fica mais em casa, eu quero dar mais atenção pra ele. Ele faz alguns serviços extra, então eu quero ficar mais em casa. Já gastei muito tempo da minha vida longe, quero ficar mais em casa.* (N.)

> *Quando eu ficava lá dentro, o meu peito ficava desse tamanho assim, as meninas me ajudou porque o meu peito tava empedrando, uma febre, uma febre. Aí agora, eu tirei de novo. Os outro falava: "Esse menino tá muito grande". Eu falava: "Deixa ele, ele tá mamando pelo tempo que eu fiquei presa". Mas agora eu já tirei. [...] Meus filho, antes de eu ser presa eu era carinhosa a eles, agora, depois que eu saí eu sou muito mais carinhosa.* (C.)

> *Sou bem próxima; hoje em dia eu dou mais valor do que já dei.* (F.)

A intenção de não se separar de seu bebê é ilustrada através da retomada da amamentação, como uma tentativa de remontar a um momento anterior ao rompimento abrupto e prolongado do encarceramento. Pode também se tratar de uma fusão mãe-filho, como temor de nova ruptura por parte da criança ou como expressão de culpa e compensação por parte da mãe (MAHLER; PINNER; BERGMAN, 1975). Essa preocupação expressa a capacidade de se importar e se responsabilizar pelos cuidados com o filho, retomando essa função (WINNICOTT, 1979/1990), enquanto para a criança é fundamental a condição de durabilidade e confiabilidade (WINNICOTT, 1965/1993). O aprisionamento materno afeta sobremaneira o par mãe-filho e/ou filha, sendo os mecanismos de reparação utilizados na tentativa de lidar com o afastamento.

CAPÍTULO 15

OS ABALOS NOS VÍNCULOS FAMILIARES

As rupturas e descontinuidades nos vínculos familiares em decorrência do encarceramento causam consequências com características específicas — dificuldade no desenvolvimento dos filhos e filhas; comprometimento da saúde psíquica das detentas; prejuízo nas relações parento-filiais; e ambiguidade em relação às visitas. O importante sofrimento psíquico pode conduzir a quadros depressivos e outras patologias, além da intensa tristeza por não acompanhar o seu desenvolvimento:

> *Eu nunca fiquei na tranca, mas quando o meu filho completou um ano foi que eu surtei, é assim que a gente fala, né? Surtei, as menina foram, tem umas menina que toma remédio pra dormir, as menina foi e me deram quatro remédios e não fizeram efeito nenhum comigo. [...] Dão a cartela, entendeu? Ela me deu. Não fez efeito, eu senti, as menina falou: "Almoça!"; eu falei que não queria. Eu queria ficar só na grade olhando onde eu tomo o meu banho de sol e gritando o tempo todo: "G., mamãe te ama, espera, a mamãe vai chegar" e não conseguia comer nada. [...] Aí eu fiquei balangando, balangando [balançando] na grade, aí a menina ficou segurando a minha mão: amiga, não faz isso.* (C.)

> *Quando o meu filho começou a andar, o pai deles me contou e eu desabei, né? Quando começou a sair dente dele também, até as brincadeiras em casa ele chegava lá e me contava.* (C.)

> *Você não acompanha a educação. Eu não vi a minha filha falar, andar. Toda vez que ela ia era uma novidade diferente, ela já tava falando, já tava andando, na escola.* (A.)

Os sentimentos de tristeza, angústia e culpa por estarem separadas de sua prole acompanham as mulheres de forma constante. Uma das maiores preocupações é não participarem do desenvolvimento das crianças, o temor de que estas se afastem delas e, pela distância, deixem de as considerarem mães (SERRAS; PIRES, 2004). A angústia diante da separação e o medo de serem substituídas integralmente pela cuidadora de seus filhos muitas vezes desencadeiam alto nível de estresse e sintomas depressivos (ORMEÑO; MAIA; WILLIAMS, 2013). Além disso, o encarceramento suscita um sofrimento significativo nas mães por não conseguirem amenizar as dores de seus filhos provocadas por sua ausência.

Cabe destacar que a luta primordial, nesse momento, está dirigida à não interrupção do desempenho dos cuidados maternos (SILVA, 2015). O exercício da parentalidade é balizado pelo cuidado, provisão financeira, proteção e educação. Com o encarceramento, inúmeras barreiras são impostas a esse acompanhamento. A separação obrigatória impede o convívio, e a falta de recursos econômicos impossibilita a provisão material. A partir dessa realidade, surge a necessidade de ressignificação da maternidade, buscando se opor à descontinuidade do vínculo (GRANJA; MACHADO; CUNHA, 2013).

O distanciamento é um dos elementos que traz mais sofrimento, pois atinge diretamente os vínculos familiares. Além de terem que lidar com as repercussões do afastamento repentino, em diversas circunstâncias o acesso dos familiares às detentas é dificultado. Por exemplo, quando as detentas estão na tranca há o impedimento das visitas:

> *Elas me levaram para o isolamento. Eu fiquei 10 dias. Passei mal, porque eu tinha ganhado uma autorização para a minha filha ir no Dia das Criança e eu perdi, porque tava no isolamento. Aí uma Desipe chegou na hora de pagar almoço e falou: "Vocês são muito otária mesmo, ficam brigando aí e lá fora tá cheio de criança". Eu ficando nervosa, agoniando, eu acabei desmaiando, porque eu não comia. Eu fiquei muito triste de não ter visto a minha filha. Ela foi no Dia das Mães. [...] E eu lá dentro sofrendo mais do que tudo, porque tinha as minhas amiga, mãe de outras crianças, aí me falaram, porque eu não tava entendendo. Aí quando acabou a visita eu só queria entrar, chorando, chorando. Aí falaram: "Sua filha veio, veio com a sua irmã, mas não tava constando o nome dela". Aí eu fiquei estressada, queria balangar a grade, surtei.* [A filha, diante dessa proibição que coibiu a sua visitação, teria dito:] *"Tia, por favor, deixa eu vê a minha mãe, ligaram e falaram que eu podia vê a minha mãe."* (C.I.)

Esse relato evidencia o fato mais dramático da vida das mulheres encarceradas: o afastamento de seus filhos e filhas. Vale assinalar que o sujeito se constitui a partir dos seus vínculos, sendo de máxima importância a manutenção de vinculações saudáveis (PUGET, 2001). Porém, a experiência do encarceramento promove distanciamento e, algumas vezes, a ruptura desses vínculos.

As vivências da gravidez, do parto e dos primeiros meses do bebê são dolorosas para a mulher que as enfrenta no cárcere, aumentando sobremaneira a vulnerabilidade da sua condição. Sentimentos conflituosos acompanham a mulher nessa etapa da vida, e no encarceramento as incertezas assumem uma grande dimensão, dificultando o manejo dessa situação. Ao mesmo tempo em que a relação contribui para uma diminuição da solidão, também encarna a iminência do rompimento drástico desse forte vínculo que está sendo construído (LEAL *et al.*, 2016):

> *Eu não consegui amamentar porque eu estava algemada. Tentaram botar no pé e não conseguiram. O diretor do hospital perguntou se eu preferia voltar ou ficar lá. Eu preferi voltar [para a unidade] porque lá eu não tinha condição de cuidar da minha filha. Eu fiquei no máximo um dia no hospital. Não consegui amamentar algemada. Aí eu fui pra UMI³. (A.)*

A. destaca que pediu ao diretor que levassem sua filha para a família, direto do hospital, mas o juiz não concordou. O temor de vivenciar a separação fez com que ela tentasse evitar esse momento antecipando o desligamento, experiência que ela descreve como muito dolorosa:

> *Eu pedia para ela [filha] ir do hospital, porque eu achei muito doloroso. Mas aí o juiz não deixou por causa da criança. Na UMI foi normal, eu cuidei dela sozinha, geralmente em casa tem família. Mas deu pra cuidar, eles dão um suporte também, não sei hoje, mas na minha época dava. Lá é diferente, não tem grade, chegou aquela hora fecha, mas você tá solta lá dentro. Por mais que seja difícil, você tá ali com a sua filha. (A.)*

A gravidez, o parto e os primeiros cuidados com a criança são fonte de júbilo, mas também de angústia. Muitas prisioneiras descrevem esses momentos como ambíguos. Os filhos são a principal companhia, demandando a dedicação integral do seu tempo, desdobrando-se no cuidado e demonstrações de afeto. Essa relação oferece um propósito para a vida de uma mulher que está desprovida de expectativas positivas. Por outro lado, elas usufruem desse convívio já pressionadas pelo temor da separação, pois quando a criança atinge a idade de seis meses é encaminhada para a família ou, quando essa alternativa não é possível, para adoção. Essa realidade cria um impacto importante para a relação mãe e filho/filha, que sofre com um afastamento abrupto, após um período de intensa ligação.

---
³ UMI: abreviatura para Unidade Materno-Infantil.

Nos casos de gravidez e nascimento no cárcere, a descontinuidade dos vínculos mãe-filho/filha tem sua expressão extrema nesse momento de separação entre a mãe e o bebê:

> *Minha filha foi com a avó, mãe do pai; ele ainda tava preso. Ela ficou dos seis meses até eu sair. Já tava uma moça. Ela permanece com a avó depois que eu saí. Até porque o vínculo, né, das duas não tinha como cortar. A avó era uma senhora, ela tinha setenta quando pegou a neta [...]. Ela só foi entender agora, na cabeça dela eu dei ela e hoje é que ela foi entender que não foi nada disso. Eu acho que agora ela vê eu cuidando do irmão e pensa: "Por que ela não cuidou de mim?"* (A.)

Com a criança ainda em desenvolvimento físico, emocional, social e cognitivo, a continuidade dos cuidados através da figura materna é primordial (CUNEO, 2007). No cárcere, a descontinuidade dos vínculos mãe-filho é radical e, com isso, inúmeras consequências se farão sentir para esse par. A brusca interrupção dos cuidados parentais tem um efeito traumático para a criança, que necessita do outro para se constituir enquanto sujeito. O desamparo vivido gera um sentimento de insegurança desorganizador, pois se trata de um perigo concreto que desencadeia uma angústia significativa (ZORNIG; LEVY, 2006).

As políticas públicas não contemplam as especificidades da realidade do encarceramento feminino, e isso imprime uma violência extra à mulher, que já sofre pela privação da liberdade. Falta a implementação na prática de um aparato jurídico que dê suporte às detentas para a manutenção dos vínculos com seus filhos. Com base nas regras internacionais do Tratado de Bangkok, das quais o Brasil é signatário, foi aprovada a aplicação de medidas não privativas de liberdade para as mulheres com filhos de até doze anos de idade. Essa concepção está de acordo com a perspectiva de gênero e com o entendimento de que a mulher se insere em um grupo vulnerável, levando em conta o impacto do encarceramento feminino no desenvolvimento emocional, físico e social de seus filhos (BRASIL/CNJ, 2016). Entretanto, mesmo diante das mudanças na legislação vigente, na prática a aplicação dessas medidas ainda é muito precária.

O encarceramento feminino repercute nas relações parento-filiais mesmo após o retorno da mulher para a família. A partir do regresso da mãe é possível identificar reações distintas dos filhos, podendo ocorrer um estranhamento inicial, uma dificuldade de aproximação ou um imediato acolhimento:

> *Quando eu cheguei em casa, o meu filho menor tava me estranhando. Eu falava "mamãe" e ele abaixava a cabeça e começava a chorar, abraçava o pai. Ele chorava e eu chorava juntinho com ele. A minha mãe falava pra mim: "Calma, é porque você ficou um tempo afastada dele, ele vai se acostumando de novo". Pra ele dormir, ele tinha que dormir agarrado com o pai. Depois de cinco dias, quando ele viu que eu tava dormindo em casa ele foi se chegando de novo e foi aí que ele começou a mamar de novo. A mais velha correu pra me abraçar. Quando eu cheguei, o meu filho do meio tava no portão. Eu falei: "É a mamãe!". Sabe a pessoa que faz que quer ir pra te abraçar, mas não vai? Aí ele ficou assim e depois correu e me abraçou. (C.)*

> *Mas ela não me conheceu. Ela tava com seis anos. Aí ela não me conheceu, não queria falar comigo. Aí depois disso minha sogra disse que foi explicando: "Essa é sua mãe, tem que falar, vem falar. Tua mãe tava trabalhando". Porque ninguém sabia, né? (G.)*

O distanciamento entre a mãe e os filhos irá desencadear uma série de consequências negativas e, quanto mais longo o tempo de encarceramento materno, maior será a dificuldade após o seu retorno. Durante a entrevista, C. apresenta uma capacidade de observação sensível a respeito das dificuldades referentes à retomada do vínculo com os seus filhos. É importante notar que cada um deles se encontrava em uma etapa específica do desenvolvimento. Essas diferenças delinearam as reações distintas que apresentaram no reencontro com a mãe. O filho mais novo já conseguia discriminar a mãe das outras pessoas, mas a ligação foi abalada pelo prolongado afastamento. A vivência da distância foi sentida como abandono. Ela relata que ele dormia agarrado ao pai durante o seu afastamento, demonstrando um sentimento de insegurança e temor de uma nova perda. Logo após o seu retorno, o filho se distancia. O filho do meio apresenta um comportamento ambivalente, oscilando entre aproximação e afastamento. Já a filha mais velha demonstra a possibilidade de prontamente acolher a mãe.

No segundo exemplo, G. explica que todos ficaram sem notícias suas por três anos, pois não permitiam que ela se comunicasse com os familiares. Essas falas demonstram as repercussões para a relação parento-filial após uma separação brusca e muitas vezes prolongada, e o esforço das mulheres para o resgate dos vínculos é importante para a continuidade da saúde relacional.

A ausência da mãe por um período maior do que a criança pode suportar irá gerar inúmeras reações que expressam o sofrimento vivido. Após a liberdade, o momento do reencontro entre a mãe e os filhos pode ser extremamente difícil, assim como a retomada do vínculo. Nesse processo de reaproximação pode ocorrer uma recusa do contato ou a busca por uma ligação mais fusionada, demonstrando a ansiedade pelo temor de uma nova perda:

> Sabe, quando eu cheguei ela me recebeu tão bem, depois das conversas, eu mantive a historinha que a minha sogra contou, entendeu? Que eu tava trabalhando, que ela ficava me perguntando: "Mãe, por que você me abandonou?". Entendeu? Aí eu sempre desconversava, porque era e é até hoje, né, muito doloroso, entendeu? Porque eu perdi a melhor fase da vida dela, eu perdi, entendeu? Por conta disso. Mas agora a gente, tipo, ela não mora comigo, porque ela ficou tanto tempo com minha sogra... (G.)

> Ela tá mais apegadinha a mim, fica com medo, sabe, às vezes eu falo que vou na casa de uma colega e ela fala: "Eu vou contigo, mãe". Ela fica preocupada de eu ir presa de novo. Porque, às vezes, tipo assim, passa na rua e os outro fica olhando porque a minha filha já tem corpo. Ela faz ginástica aeróbica, então ela desenvolveu muito, ela é magrinha, mas ela é muito corpuda, os homem mexe com ela e eu reclamo, eu não gosto. Ela fala: "Não briga não, mãe, senão você vai voltar pra cadeia". Ela fala: "Mãe, você promete que não vai mais usar droga?". Ela perguntou: "Por que, mamãe, você foi roubar? Você foi traficar". Eu explico as coisa pra ela. Ela queria ser da BOPE[4]. (C.I.)

No caso de C.I. parece haver uma inversão de papéis — a filha passa a cuidar da mãe e zelar para que ela não vá para a cadeia novamente. Trata-se de uma tentativa de manter a estabilidade, evidenciando uma autoridade parental fragilizada e uma forte dependência relacional. Ao longo do ciclo de vida familiar, os filhos desempenham diferentes papéis, mas quando a figura parental se apresenta enfraquecida pode haver uma inversão de posições e o filho passa a ocupar o papel de protetor dos pais. Esses casos demonstram a dificuldade da figura parental em exercer a sua função (PENSO; SUDBRACK, 2004).

As famílias nas quais os filhos estão parentalizados não asseguram o distanciamento emocional necessário para propiciar o desprendimento

---

[4] BOPE: Batalhão de Operações Policiais Especiais da Polícia Militar do Estado do Rio de Janeiro.

em relação aos pais e promover sua individuação para o exercício da autonomia. O acionamento da lealdade resulta no abandono de uma vida própria em prol do bem-estar materno e da união familiar (ROJAS-CA-VANZO; BENKELFAT-PERAFÁN; MORA-ANTÓ, 2016). A vivência da separação e a descontinuidade do vínculo irão repercutir de maneira singular em cada um dos filhos. Uma das entrevistadas considera que a filha mais velha sofreu uma sobrecarga maior durante a sua ausência, pois precisou exercer os cuidados maternos em relação à irmã mais nova:

> *A hora que eu mais quis você perto de mim você não tava. […] Às vezes eu tinha uma dúvida e não tinha com quem falar.* (N.)

> *Pro meu filho mais velho era muito doloroso; quando ele ia embora era difícil, não que ele demonstrasse isso, mas hoje, de vez em quando, ele fala quando a gente briga na verdade, "Você me abandonou porque você teve a segunda vez [presa]". Ele faz análise até hoje. Hoje, eu percebo que foi um mal pra ele.* (A.)

Outro aspecto de extrema relevância nas descontinuidades dos vínculos é a visitação. As entrevistadas se referem a essa ocasião como a mais aguardada e, ao mesmo tempo, mais difícil. Na medida em que atualiza a vivência de separação, essa experiência pode ser um momento profundamente doloroso:

> *Era, era muito bom; não dava nem vontade de ir, quando a hora ia acabando, toda hora a gente olhando no relógio: "Ah, daqui a pouco vai acabar, daqui a pouco vai acabar", mas… a despedida era muito triste porque eles sofriam muito, chorava muito que não queria ir, né? Queria ficar, não podia, era… eles chorava de lá, eu chorava de cá, infelizmente a gente tinha que ir, né? Tinha que ir embora…* (M.S.)

> *Por um lado, é ajuda, entendeu? Porque dá aquela esperança, né, de reencontrar, de ver, de saber, e, por outro lado, machuca demais, né? Você saber que tem uma pessoa lá fora e a pessoa não sabe de você, você não sabe dela, a sua vida acontecendo, se tá comendo, se tá dormindo. O que tá pensando, que que tá achando que você fez, entendeu? É muito complicado. Uma guerra de sentimentos, né? Você não sabe se fica bem ou se fica mal.* (G.)

> *Era muito bom. Ruim era na hora delas ir embora, a gente fica triste, mas também nunca chorei, falava pra elas não se preocupar, mamãe tá bem. Eu quero que vocês esteja bem.* (C.I.)

A visita conecta a detenta com o mundo externo e aplaca o distanciamento do vínculo familiar. Porém, reatualiza os sentimentos negativos advindos da separação. Assim sendo, a experiência da visita promove uma reação ambígua, quando sobrevém o desejo desse encontro e ao mesmo tempo a vontade de recusá-lo. Como esse momento oferece uma carga de intensa dor, o afastamento passa a ser uma opção.

CAPÍTULO 16
OS EFEITOS DO CÁRCERE

As dificuldades específicas do encarceramento permanecem mesmo após a soltura. Em seu processo de reinserção laboral, social e familiar, a egressa do sistema prisional precisa lidar com obstáculos que perpetuam sua pena e dificultam a manutenção da liberdade. O não reconhecimento enquanto ser social intensifica a vulnerabilidade. Será preciso muito esforço no sentido de superar os empecilhos para a reinserção no universo social — o descrédito, o preconceito, a desconfiança, o medo e a insegurança (BRITO et al., 2013).

Os efeitos do cárcere também podem ser sentidos na dificuldade de inserção laboral e no preconceito, dirigido também aos seus familiares. A imersão das detentas na cultura prisional também irá reverberar no seu processo de reintegração, desencadeando mecanismos de defesa. O temor das abordagens policiais pode ser muito intenso, relacionando-se ao medo de uma nova prisão:

> *Hoje em dia eu tenho assim, eu sei que não foi por coisa minha que eu fui presa, mas eu fico assim com medo de fazer uma coisa que eu sei que vai me prejudicar. […] sei lá. É porque, tipo assim, como se fala, muito bandido naquele lugar que você tá. Na minha cabeça, vai que um polícia te pega, você tá com um bandido desse e eles te pega. Eu já tô cumprindo, mais um pedaço, então eu evito muita coisa.* (C.)

> *Primeiro a sociedade, né, apontando, né? A comunidade, os vizinhos, até mesmo os parentes. Eu não falo com metade da minha família, entendeu? Eles me julgaram muito […]. Porque eles não quiseram me ouvir, entendeu? Eles não quiseram ouvir a minha versão, para eles eu sou uma criminosa, não quiseram nem me ouvir, entendeu? Hoje em dia eu falo com meu pai, porque assim que eu saí ele me procurou. A gente conversou, contei tudo que aconteceu, né? Mas a metade da minha família não, eles são tudo uma condiçãozinha, né, a mais, eles são tudo nariz em pé. Aí, por eu ter uma condição bem abaixo da deles, então eles nem procuram saber.* (G.)

O muro concreto que separava as prisioneiras do restante da população se extingue com a liberdade, mas a barreira entre esses sujeitos e a sociedade é mantida (BOCAYUVA, 2018). A egressa precisará se adaptar ao mundo livre, num processo que vai demandar a ressignificação de crenças e valores incorporados durante o encarceramento. Esses elementos são antagônicos aos da realidade externa, e essa discrepância vai gerar desconfiança após a soltura. Agindo assim, a egressa evita situações de risco que poderiam colocá-la novamente atrás das grades (BARRETO, 2006). Dessa forma, o estigma sofrido pela figura feminina na sociedade como um todo e, especialmente, nas situações de delito impõe sobre a mulher o efeito moralizante dos padrões sociais, mantendo-a aprisionada mesmo fora do espaço prisional (CARRILHO, 2017).

No que concerne ao estereótipo de gênero, em algumas comunidades o homicídio é considerado um crime mais aceitável do que o tráfico de drogas. Percebe-se no relato de N. que o tipo de delito vai repercutir na maneira como a mulher será tratada em seu retorno ao convívio social. De acordo com ela, o crime passional, principalmente, tem uma aceitação maior na sociedade:

> *Você não é uma bandida, você não é uma criminosa* [...]. *O tipo de crime faz diferença para a sociedade. Isso porque eu já ouvi de várias pessoas falando: "Se você fosse traficante, ladrona, eu nem olhava pra você, mas o que aconteceu com você pode acontecer com qualquer um, acontece com polícia, com delegado, acontece com isso, com aquilo, pessoa em casa perdendo a cabeça, não aguenta e acaba cometendo uma besteira". Mas tem pessoas que discriminam a gente sim, só de falar que já foi presa já tá discriminando a gente.* (N.)

Os crimes cometidos pela mulher são na maioria das vezes relacionados ao universo doméstico. O homicídio cometido pelas mulheres está direcionado, primeiramente, aos desafetos, e em segundo lugar aos parceiros (ALMEIDA, 2001). Persiste a dicotomia entre o público como o lugar do masculino e o privado como o lugar do feminino — e o crime se insere nessa lógica (BRUSCHINI, 1989).

Entre as inúmeras adversidades que as egressas do sistema prisional são obrigadas a enfrentar, está o preconceito no espaço laboral e familiar:

> *Ah, falaram que a gente tava presa, que a gente somos presidiária* [amiga da entrevistada]. [...] *Não conta por que quando conta*

> *as pessoas vão reagir sempre do mesmo jeito. Então não conta, precisa contar, a gente precisa trabalhar, a gente precisa fazer o nosso nome aqui na costura. A gente não precisa tá falando do que a gente passou, porque as pessoas julgam a gente. Na minha família já julgou, que foi meu ex-genro, entendeu? Ele me julgou... falou mal de mim para a esposa...* (M.S.)
>
> *É muito difícil você botar uma pessoa na sua casa que já foi presa, independente do crime, deixar seus pais* [a egressa exerce o trabalho de cuidadora]. *Hoje, eu tenho responsabilidade, aí eu vou falar pra ela que eu já fui presa, será que eu vou ter a mesma? Eu acho que não.* (A.)
>
> *Eu montei a loja porque eu tava empregada três meses, aí a mulher descobriu que eu fui presa e me mandou embora, me mandou embora, porque lá não era lugar para ressocialização. Eu chorei, fiquei meio caída.* (P.)
>
> *Poder ter uma oportunidade, né? Porque depois que a gente sai do cárcere, não é todo mundo que dá uma oportunidade. Você é muito apontada pela sociedade, entendeu? Você não tem oportunidade para nada.* (G.)

As egressas têm que lidar com a nódoa de terem cometido um delito e suas consequências — a exclusão social e a dificuldade para uma nova inserção laboral. Mesmo em liberdade, se mantêm aprisionadas pelo estigma. Muitas mulheres optam por encobrir a passagem pela prisão com o intuito de se preservar. O padrão de desigualdade, violência e preconceito experimentado no cárcere é transferido para a vivência social. Esse espelhamento do cárcere para a vida extramuros, somado ao processo de aculturação, no qual as detentas absorvem e reproduzem o *modus operandi* da prisão, repercute no seu processo de reinserção social (OLIVEIRA, 2009). O desencarceramento traz a preocupação constante de que possa acontecer nova entrada no sistema prisional, permanecendo o receio de recaídas e deslizes (BRITO *et al.*, 2013).

Durante o tempo de confinamento essa situação de vulnerabilidade se exacerba e se estende à família. Após o retorno, surge um novo enfrentamento dessa condição, no confronto com o desemprego e a descrença social, e são necessárias novas organizações familiares para tentar minimizar esse efeito.

O preconceito em relação à egressa se estende para a sua rede relacional. Esse círculo de convívio pode funcionar como elemento de apoio ou fonte de segregação:

> *Eu perdi um pouco do crédito: "Ah, tua namorada era uma safada, tua namorada era ladrona"* [comentário dos amigos do namorado]. *Eles nem falam ladra, eles falam ladrona, são tão burro eles. "Ela é isso, ela é aquilo." E assim, aquilo machucava ele, entendeu? E ele parava de falar com as pessoa. Eu falei para ele: "Não se incomoda com os outros, porque os outros para mim não vai fazer diferença". Mas eu cheguei numa festa que todo mundo ficou me olhando e aquilo dali foi a única vez que me incomodou, aquilo dali me abateu, entendeu? As pessoas cochicharem: "Olha aí, ela tava presa". Aquilo dali me incomodou.* (F.)

> *Quebrando os tabus, né, porque a pessoa acha que é porque você é ex-presidiária que você saiu da cadeia e vai voltar de novo, que você vai fazer o que você fez. Infelizmente, é isso que acontece, né? Porque enquanto eu tava no cárcere, nesses três anos eu vi muitas mulheres saírem e voltar em menos de um mês, com dois meses... [...] eu vi. De sair num dia e voltar no outro. [...]. Mas eu tô fora dessa estatística, não quero mais não. Eu quero se encaixar socialmente. O meu problema é de interagir de novo na sociedade, assinar uma carteira, votar...* (G.)

Na maioria dos casos, mesmo antes do cárcere a posição de fragilidade por sua condição social já era evidente. A repercussão é ainda mais grave na família monoparental feminina, que corresponde a 66% das mulheres em situação de encarceramento (CARRILHO, 2017). Nesses casos em que a mulher é o chefe de família, as dificuldades para a provisão das suas necessidades econômicas e de seus familiares são agravadas pela desigualdade de gênero, que remunera as mulheres com salários mais baixos que os dos homens (CHESKYS, 2013).

Em algumas situações, é possível também verificar resultados positivos da vivência no cárcere:

> *Eu não era de parar pra ouvir os outro, hoje em dia eu paro pra ouvir. Tenho uma dúvida, daí eu pergunto, porque eu podia ter evitado muita coisa, em vez de eu se explodir, eu podia ter deixado pra lá, eu tive que aprender lá dentro, tem gente que quer provocar, eu dava as costa como resposta. Se eu tivesse feito isso, ela não teria perdido a vida, eu não teria parado nesse lugar, tirado a cadeia que eu tirei e*

> *nada disso teria acontecido. É o que eu falo, serviu de aprendizado pra mim, ter mais paciência, mais calma. O que serviu pra mim foi isso aí. Como a minha mãe fala: "A gente não aprende pelo amor, aprende pela dor".* (N.)

A partir do desencarceramento, a mulher necessita de um trabalho de transformação da experiência vivida, que se apresentou de forma violenta, tanto no campo concreto como no subjetivo. Quando é possível levar para o retorno à liberdade algum benefício da experiência do encarceramento, o processo de reintegração à sociedade pode ser amenizado.

No cárcere há também um aprendizado pernicioso, que poderá mais adiante favorecer o exercício da criminalidade. A repercussão dessa vivência aparece na linguagem, na maneira de se alimentar e também nos comportamentos. A assimilação da cultura prisional é um processo inconsciente, de tal modo que é difícil para o sujeito criar resistência à sua incorporação. Isso dificultará a adaptação para a nova etapa da vida, uma vez que as regras do cárcere não são as mesmas do viver em sociedade (BARRETO, 2006; THOMPSON, 1976/2002).

Toda essa situação irá dificultar a reinserção na sociedade após a liberdade, favorecendo a reincidência. Muitas mulheres retornam ao presídio logo após a soltura, demonstrando a dificuldade em manter a liberdade, muito influenciadas pelo processo de institucionalização e a falta de perspectiva diante da inoperância do Estado, que não oferece subsídios suficientes para a construção de um novo projeto de vida.

A desproteção resultante do afastamento provoca inúmeros efeitos sobre a relação parento-filial, além das repercussões para a individualidade de todos os envolvidos:

> *De início, quando eu saí, eu senti ela muito assim, meia travada para vida, né? Por causa até de… foi um trauma, né?! É um trauma que vai levar ali pro resto da vida, a intensidade… eu conheço ela como minha filha que ela fala para mim e tudo que a gente tenta, no máximo a gente somos muito amigas, muito mesmo, muito amigas, amigas, amigas! Se eu senti uma dor de cabeça ela me liga e pergunta: "Ah, mãe, tá tudo bem com você? Tá acontecendo alguma coisa?". Falei: "Não, eu tava aqui, mas tá tudo bem". "Ah, então tá bom." Assim, entendeu? Ela chega a sentir se eu tiver assim passando por alguma coisa; aí ela: "Mãe, tá tudo bem?".* (M.S.)

Essas vivências desorganizadoras correspondem a um excesso que não pôde ser metabolizado pelo sujeito, modificando o psiquismo a partir da situação traumática (ANTUNES, 2003). De acordo com Freud (1893-1895/1987), a lembrança do trauma traz a mesma carga de afeto da experiência vivida. Abraham e Torok definem o trauma como "introjeção impossível", apontando para a intensidade da experiência vivida que não pôde ser tratada e elaborada pelo sujeito (ANTUNES, 2003).

Os resultados advindos de uma separação forçada a partir do encarceramento materno produzem graves efeitos para todo o círculo familiar. As ressonâncias do trauma no psiquismo irão demandar um trabalho de reconstrução na tentativa de reparar os efeitos dessa experiência tão disruptiva:

> *Alguns traumas assim, como que eu vou explicar? Eu saí muito fragilizada, assim, hoje em dia tudo mexe com meu emocional, tudo me abala. A minha tia disse que eu tinha que procurar um psiquiatra, mas eu sou daquele tipo que só vai em último caso, quando já vai agravando as coisas, entendeu? Igual eu não tô conseguindo ter um relacionamento com o meu marido, eu sou muito estressada hoje em dia [...], eu não consigo me desvincular da minha casa, de ficar dentro de casa. Aí meu pai ficou preocupado, porque falou que eu tava igual quando eu saí: eu querendo me fechar, entendeu?* (F.)

O evento traumático contém uma carga afetiva maior do que o sujeito tem capacidade de suportar, favorecendo o surgimento de efeitos patogênicos significativos para o psiquismo. Esses conteúdos não metabolizados geram uma angústia duradoura. Assim como o enfrentamento das demandas externas, é preciso lidar com o material psíquico de conteúdo negativo que não pôde ser integrado pelo sujeito, evidenciando uma falha no processo de simbolização e exigindo um trabalho significativo de transformação desses elementos (CORREA, 2003).

Os padrões transmitidos na família que não puderam ser elaborados são transferidos em estado bruto, com forte possibilidade de repetição traumática, que pode conter um mecanismo de fixação ou de elaboração (GOMES, 2005):

> *Ela* [mãe da entrevistada] *sumiu também, abandonou eu e meus irmãos. Eu tinha a idade da minha filha quando ela me abandonou. Seis anos, idade da minha filha quando eu fui presa, no caso. Isso mexeu*

muito, muito comigo, porque eu falei: "A história está se repetindo". Será que ela vai achar que eu abandonei ela também? Entendeu? (G.)

As mulheres entrevistadas demonstram insegurança em relação ao futuro, com um sentimento de forte desamparo após a soltura:

Quando eu tava presa eu não sabia o que me esperava aqui fora [ela estava há três anos sem falar com a família]. *Eu não sabia se eu ia ter uma família, eu não sabia se eu ia ter uma casa me esperando, porque eu não tinha contato. Então, quando eu vim para cá eu já pensava isso, esse benefício* [semiaberto] *e ficava naquilo: "Volto ou não volto? Se eu for na rua* [ficar foragida], *se eu não arrumar um serviço". E ficava naquilo, porque "Onde que eu vou me instalar? Como que eu vou me sustentar". E depois minha sogra apareceu, aí já clareou tudo.* (G.)

Encarar que a vida é muito diferente do que aquilo que eu tava vivendo há quatro anos. Cair na realidade da vida, eu digo assim: lá dentro você não tem noção do mundo, do que tá aqui fora, você não sabe das coisas, entendeu? Eu vi como que o mundo é grande e as oportunidades que eu tenho, e assim eu fiquei com medo de ir atrás de oportunidade de emprego, tudo eu tinha medo. (F.)

Com o afastamento, o temor do rompimento dos vínculos afetivos repercute em insegurança e medo. O distanciamento provoca a fratura das relações e a desinformação sobre o que acontece no mundo externo à prisão. Esses elementos são essenciais para o enfrentamento da vida após o desencarceramento, fragilizando ou fortalecendo a egressa nessa nova etapa.

Os ajustes na vida prática e no âmbito emocional são cruciais para a reinserção na família. O processo de distanciamento social e afetivo pelo aprisionamento exerce uma substancial carga de violência, tanto para a egressa como para todo o núcleo familiar. Ao atingir o caminho do desejo e da construção subjetiva, a violência cala o sujeito e emudece a alma. Romper com esse processo demanda alta carga de esforço para retomar o seu projeto de vida. As dimensões psíquicas e sociais se articulam e os recursos de uma das áreas se deslocam para a outra, pois a falta de investimento em um dos campos irá reverberar negativamente no outro.

CAPÍTULO 17

O "AMOR BANDIDO"

A maioria das mulheres entrevistadas entrou para o tráfico de drogas através do envolvimento do seu parceiro com esse universo. Esse fenômeno é popularmente chamado de "amor bandido" (COSTA, E., 2008). O ingresso no crime tem, muitas vezes, o seu alicerce nas relações amorosas. Outro fator importante é a violência na conjugalidade e na família de origem. Frequentemente, a opressão vivida é transmitida através de gerações. A transmissão e manutenção de um modelo violento irá favorecer a entrada no mundo criminal:

> *Geralmente todas as mulheres são presa por causa de homem. Tráfico de drogas, formação de quadrilha.* (A.)
>
> *Eu ia visitar o meu namorado na cadeia. Ele pediu pra eu fazer uma coisa pra ele, porque ele estava devendo umas pessoas. Eu tinha que levar a encomenda, entregar pra ele que ele sabia para quem entregar. Fui no dia da visita com um pacote e nem cheguei a entrar. Fui pro scanner e do scanner fui presa.* (C.)
>
> *A mãe dele, eu conhecia a mãe dele aqui fora e o irmão. Aí eles me passaram o número dele e tal, aí ficamo conversando. Me apaixonei por ele, fui fazer a carteirinha pra visitar. Aí a minha sogra foi presa, a minha sogra foi presa levando droga pra ele. Entendeu? Aí eu fui depois de um tempo, levei também. Aí fui presa também.* (F.)
>
> *Eu conheci uma pessoa, essa coisa aqui* [aponta para o braço tatuado com o nome]. *Ele era traficante, várias favelas do Rio de Janeiro, aí eu acabei conhecendo ele* [...]. *Acabei conhecendo a droga com ele, aí fiquei usando, ele traficava, aí eu comecei a conhecer o tráfico através dele, comecei a traficar com ele. Só que o tráfico começou a cair, aí um belo dia ele me chamou pra eu ir roubar com ele.* (C.I.)

Em algumas situações, a mulher entra na atividade do tráfico para acompanhar o seu parceiro que já está inserido nesse contexto e, em outras, para levar drogas ao companheiro que já se encontra preso (CARRILHO, 2017). Nessas circunstâncias, a escolha pelo crime pode se dar por coação, opção ou ambas.

Nas situações de encarceramento, prevalece a dinâmica relacional que privilegia a configuração de papéis tradicionais de gênero. Nessa perspectiva, a felicidade da mulher está identificada à realização afetiva, e os valores de abnegação e dedicação integral são desejados. O apego ao ideal amoroso parece perdurar e persiste igualmente o lugar da mulher como alguém que deve se sacrificar pelo outro, para a manutenção do amor na conjugalidade e na família. Esse modelo de comportamento pode ser observado no número de mulheres presas por tráfico de drogas a partir do envolvimento do seu parceiro com esse universo. Outras vezes, a mulher é presa por associação ao tráfico, porém a prisão visava ao seu parceiro ou outro membro da família. Nesses casos, elas são detidas porque estavam na residência no momento da busca ou para dar informações (BORGES, 2018).

É possível identificar o padrão que reflete a desigualdade de gênero nos dias de visitação na prisão, quando as filas de mulheres para visitar os homens são imensas, enquanto o mesmo não acontece na unidade feminina. Existe também um grande número de mulheres em torno da prisão, o que a literatura nomeou de "aprisionamento secundário" — trata-se de mulheres visitando e acompanhando outras mulheres durante o período de detenção (FARIELLO, 2015):

> *Entrava mulheres* [profissionais do sexo na cadeia], *jura que a senhora não sabia? Exemplo: eu ligo pra elas e vem. Ele fez carteirinha* [para outra mulher], *fez tudo. Fora a gente vê coisas que dentro a gente não vê. Teve uma vez que na saída de fim de semana, ao invés de ir pra casa, eu vim aqui. E aí disseram que eu não podia entrar porque ela* [amante] *já estava lá dentro. Eu tinha VPL* [visita periódica ao lar. A. verificou a presença de outra mulher na visita] *e ele não. Tá vendo como homem é?* (A.)

As condições do encarceramento feminino também são definidas pela estrutura patriarcal. O atravessamento desses valores para o universo prisional faz com que o cárcere seja vivido de forma mais solitária pela mulher. As representações sociais sobre o amor e os papéis que as mulheres desempenham a partir dessa identificação são o resultado de construções culturais. Essas concepções balizam a vida amorosa e, muitas vezes, a escolha pelo delito. Esse contraste demonstra que a representação do amor se manifesta de forma diferente para o homem e para a mulher. A relação amorosa para a mulher oferece um sentido de identidade. Nessa perspectiva, a vida afetiva é extremamente valorizada (COSTA, E., 2008).

O componente da violência conjugal está fortemente presente nas relações das mulheres transgressoras. Nesse cenário, a transmissão geracional da opressão pode promover uma fratura nos vínculos e provocar o silenciamento da violência, além de suscitar um alto custo para o processo de construção do desejo e a constituição do sujeito (CORREA, 2003):

> *Eu conheci uma pessoa, essa coisa aqui* [aponta para o braço tatuado com o nome de D.]. *Ele era traficante, várias favelas do Rio de Janeiro, aí eu acabei conhecendo ele. Não é o pai da minha filha; o pai da minha filha é tranquilo. A gente separou quando eu tava grávida de quatro meses; ele me bateu, quase matou eu e a minha filha, né. Aí eu me separei e não voltei nunca mais.* (C.I.)

> *Ele* [o pai] *sacaneava a minha mãe. Ia pra noitada, pegava um bando de mulher, traía a minha mãe. A minha mãe trabalhava, ia pra igreja, tadinha, maior bobona. Ele traiu muito a minha mãe. Até que eu comecei a crescer, crescer, eu comecei a ir pra noitada também. Aí quando eu tava voltando, o meu pai tava agarrado beijando uma mulher. Eu já levei a minha mãe na casa de uma mulher que o meu pai tava com ela na cama. Eu vi e fui buscar a minha mãe pra ver. Aí o meu pai queria me bater, eu e o meu pai a gente já se agredimos fisicamente, a gente não se falava.* (C.I.)

Todos os indivíduos têm uma história que os precede e fundamenta a sua vida psíquica individual. São conteúdos transmitidos de geração a geração e, por não terem sido elaborados, se mantêm inalterados, acarretando a repetição (CORREA, 2000). Kaës (2001) ressalta que é impossível não transmitir e, por mais que se tente abolir algum conteúdo, ele ressurge nas gerações posteriores, como enigma. Trata-se do impensado e, por isso, não metabolizado pelo sujeito. Nesse relato, o padrão relacional violento se inicia na vida conjugal dos pais, se estende para a sua escolha amorosa e poderá se perpetuar no modelo relacional construído pela filha. Essa trama indica a manutenção do padrão violento entre as gerações. É importante notar que um número significativo de mulheres sofreu violência na sua família de origem — vivência que vulnerabiliza a mulher e é um fator de risco para a sua inserção no universo do crime (SOARES; ILGRENFRITZ, 2002).

A partir do encarceramento, a manutenção e a retomada da vida amorosa se apresentam como desafios para a mulher. Uma das entrevistadas afirma que deseja se manter distante dessa opção. Já a outra utiliza como estratégia expor imediatamente a sua passagem pelo sistema para os parceiros com quem se relaciona afetivamente:

> *Eu acho que eu fiquei com trauma. Minha mãe fala: "Arruma um namorado", eu falo que não quero. Pra mim arrumar tem que ser a pessoa certa, tenho medo de acontecer tudo de novo.* (C.)
>
> *O primeiro rapaz que eu me relacionei, ele procurou* [o crime cometido por ela] *na internet, ele ficou tipo meio sem reação e ele foi na internet ler pelo meu nome, o que que eu tinha feito, o que que tinha acontecido. Ele procurou, entendeu? Para não ter aquele negócio assim* [ela conta imediatamente sobre o crime]: *"Aí, ela me escondeu isso, assim, assim, será que ela é perigosa, será que ela é isso, será que...". Entendeu?* (F.)

O diferente produz medo e aciona os estigmas de repulsão (HAN, 2011/2017). As marcas do estigma feminino estão no corpo, nas atitudes e nas convenções sociais que continuam a aprisionar as mulheres, mesmo após terem cumprido sua pena. Em diferentes sociedades, as posições e atividades relativas ao homem e à mulher se distinguem em relação à divisão social e ao posicionamento diante do amor, que em muitos casos culmina na desigualdade. A parceria, a dedicação, a ternura e a sensibilidade se apresentam como atributos femininos. Para a mulher, o amor é renúncia e se constitui como necessidade imperiosa. Para o homem, tem outro significado. A demonstração do afeto é mais moderada e outras áreas da vida recebem maior investimento (LIPOVETSKY, 1944/1997). Essas desigualdades irão dificultar a reconstrução da vida amorosa após o encarceramento feminino.

Para a sociedade, a compreensão do crime de homicídio é ainda mais difícil quando praticado por uma mulher. Quando acontece, muitas vezes é atenuado pelo senso comum e até pela própria criminosa. No imaginário social, a mulher é regida pela emoção, portanto o crime seria um ato impulsivo baseado no sentimento. A transgressão seria uma espécie de porta-voz do universo feminino, uma válvula de escape para a opressão vivida pelas mulheres. Da mesma forma, o ato destrutivo pode representar uma busca pela mudança das regras na sociedade, que estabelece preceitos arbitrários com o predomínio do masculino sobre o feminino. Talvez por isso as mulheres demonstrem compreensão e solidariedade diante de um homicídio passional (ALMEIDA, 2001):

> *Ah, eu perdi a cabeça, acabei discutindo com uma moça que teve um caso justamente com o meu ex-marido, aí discutindo com ela, na discussão eu acabei matando ela. Tava naquela separa, não separa, aí no caso eu discuti com ela e acabei matando ela. A pena foi de quatorze anos.* (N.)

A violência de gênero sofrida de forma passiva pela mulher pode encontrar a sua reação no ato delitivo, principalmente através do crime de homicídio, produzindo uma inversão dos papéis ditos masculinos e femininos (CARRILHO, 2017). Nesse caso, a mulher pode transgredir na tentativa de transpor a repressão e a submissão — talvez, por isso, apareça de uma forma tão disruptiva e vingativa. A partir dessa inversão de papéis, ela abre mão do lugar de dominada e passa a ocupar a posição de dominante.

Em estudo desenvolvido por Almeida (2001), os homicídios femininos estão dirigidos em primeiro lugar aos inimigos e desafetos, para em seguida se voltarem contra os maridos e companheiros. O contexto do espaço privado atenua o impacto do crime, pois o ato é visto como defesa da família e demonstração de amor, silenciando o crime feminino. O lugar de dócil, passiva e recatada, ao mesmo tempo em que aprisiona, serve para suavizar a condição da mulher criminosa.

Nos relatos das participantes desta pesquisa, o delito da mulher está fortemente ligado ao masculino. A estrutura patriarcal está na origem do crime feminino, assim como na constituição do sistema prisional. Talvez por isso a figura masculina apareça de forma mais marcante na transgressão feminina. Os fundamentos são pautados pelas regras sexistas e racistas, estigmatizando esse grupo que se encontra encarcerado. Elas passam a ser condenadas por serem mulheres, negras e oriundas de classes menos favorecidas, repetindo o padrão de segregação e exclusão social (BORGES, 2018).

CAPÍTULO 18
A FAMÍLIA ATRÁS DAS GRADES

O acompanhamento da família — não apenas na visitação — é um apoio fundamental para que as mulheres possam suportar o encarceramento. Quanto maior o espaço ocupado pelos familiares na vida das detentas, menos doloroso será o sofrimento infligido pelo afastamento. Assim, esse acompanhamento atenua os efeitos do confinamento e facilita o futuro processo de reintegração da egressa, diminuindo a reincidência. Entretanto, algumas famílias possuem menos recursos para lidar com o encarceramento de um de seus membros, e essa dificuldade é muitas vezes a causa da ausência familiar durante o período de aprisionamento.

As falas a seguir demonstram o valor da relação com os familiares para o enfrentamento dessas duas fases — prisão e reinserção — vividas pela mulher:

> *Eu pedia desculpa sempre pra minha mãe porque ela tinha que passar por aquele transtorno todo — e já é uma senhora! — da revista, aquele negócio todo, entendeu? E... era ruim, mas mesmo assim falava: "Mãe, não vem essa amanhã, não, vem na outra semana". "Não, vou vir sim, vou vir sim. Não, eu venho." Cedinho, tava lá na porta e para mim era muito bom sentir isso, saber que tinha alguém pela gente, porque é triste tá lá, como também tinha outras meninas que não tinha uma visita, não tinha nada e nós somos mulheres, tem a necessidade da gente, né, como mulher...* (M.S.)

> *Hoje eu acho que ele tinha que me cobrar mais assim: "Vai trabalhar! Vai fazer alguma coisa!". Não! Não me cobra, sabe? Eu acho que ele fica com medo, não sei o que acontece com ele. Uma vez eu perguntei pra ele: "Pai, você tem medo de eu fazer alguma coisa de errado?". Ele falou: "Não, eu sei que você não me deixaria mais aqui". Eu mudei de vida por causa do meu pai e do meu filho, entendeu?* (F.)

> *As minha irmã e minha mãe ajudaram muito nessa parte. Final de semana elas iam pra casa da minha mãe, da outra vó. O meu pai, ela considera como se fosse o pai dela também. A família ajudou muito, ajuda tanto a gente que tá lá dentro como quem ficou aqui fora.* (N.)

A família ocupa um lugar de destaque na vida de cada um de seus membros, mas em momentos de extrema dificuldade a importância da presença de um elemento familiar ganha relevância ainda maior. A família que, diante de uma circunstância desorganizadora, não se percebe como vítima, mas entende o momento vivido como desafio e estabelece estratégias de confronto — tais como confiança, sustentação mútua, comunicação clara e espírito colaborativo — possui muito mais capacidade de lidar com as experiências que acarretam alto grau de sofrimento. Como consequência, tem mais chance de encontrar soluções saudáveis promotoras de desenvolvimento (JULIANO; YUNES, 2014).

No entanto, para algumas famílias, lidar com o aprisionamento pode ser mais difícil, promovendo um afastamento durante esse período. Em algumas situações, esse distanciamento se mantém durante todo o tempo de encarceramento, com a aproximação podendo ser retomada apenas após a liberdade. O afastamento sinaliza que as expectativas da família projetadas em um de seus membros foram abaladas com o encarceramento, e a reação muitas vezes passa a ser de rechaço:

> *A minha mãe é muito rigorosa* [a mãe não foi vê-la na cadeia]. *Eu agradeço a mãe que eu tenho, eu falava que ela era chata, mas agora eu agradeço, tenho essa idade e nunca fui para o baile. Ela nunca deixou eu ir, eu falava: "Pô, mãe, as menina de dezessete ano tudo indo pra baile, deixa eu ir?". Ela dizia: "Você não é menina de dezessete ano, você é minha filha". E a minha mãe sempre foi de beber, até hoje ela vai pro forró, o que ela quer pra ela, mas pra mim ela não deixou eu fazer igual a ela. Ela disse que não criou filha para ela ver na cadeia: "Se fosse o seu irmão, eu não diria nada, porque ele vivia na rua". Ela deixava ele ir pra rua porque ele era homem. Ela fechou demais a mim e esqueceu dele, então, tipo assim, ela falou que não esperava isso de mim.* (P.)

No caso de P., a mãe deixou de falar com ela durante todo o tempo de detenção. Nota-se que existe uma conduta de abandono à mulher que cometeu um delito, vinculada ao fato de ter transgredido o seu papel de esposa e mãe. O preconceito é um importante fator na promoção desse abandono. Para os pais, é extremamente difícil ter de lidar com o sentimento de culpa diante do fato de ter um filho ou filha que cometeu um ato delitivo. Eles têm de se confrontar com suas próprias falhas que teriam, em alguma medida, contribuído para isso. Assim, o crime de um membro familiar é um golpe narcísico. A marca de desviante não é só do sujeito, mas de toda a família.

Nesses momentos de maior dificuldade, a família funciona como uma importante estrutura de sustentação, tanto na suportabilidade do período de encarceramento quanto na possibilidade de projeção para o futuro (BARRETO, 2016). A privação de liberdade se estende à privação relacional, tanto no âmbito interno quanto nos vínculos externos. Quando a família não pode estar presente, as dificuldades que as detentas precisam enfrentar tomam uma proporção ainda maior.

A pena não se restringe somente àquela que cometeu um delito, mas também aos seus familiares, tanto em relação ao estigma sofrido por ter seu ente querido na cadeia quanto aos obstáculos que precisam transpor para entrar na prisão com o intuito de acompanhá-la durante sua detenção. Há o constrangimento da revista vexatória a que os familiares são submetidos e, além disso, muitas vezes os suprimentos levados por eles são cruelmente inutilizados:

> *Tinha, era constrangedor; os funcionários tratavam mal os familiares, tratam com muita ignorância, as coisas, não sabem explicar, as coisas que podem entrar, não podem entrar. Hoje entra essa caneta, essa caneta pode entrar, a mesma caneta no dia seguinte, entendeu? Aí fazem jogar fora, desperdiçar, e dinheiro não tá fácil. E assim, ela passou bastante constrangimento, eles passaram. Eu não posso fazer isso com eles de voltar pra me visitar num lugar daquele. Então por isso que eu realmente resolvi mudar.* (F.)

> *Ela* [filha] *conversou comigo: "Mãe, quando eu entrei a tia ficou fazendo carinho em mim, botou a mão no meu bolso, ela pensou que eu ia trazer alguma coisa pra você escondido, eu vim tão bonita, mandaram eu tirar o brinco".* (C.I.)

Os procedimentos de rotina impostos aos familiares na visita contribuem para inibir a visitação e isolam mais ainda as detentas. A presença dos familiares tem um caráter afetivo, social e emocional. É nesse encontro que o contato com o mundo externo é estabelecido, gerando um impacto positivo na autoestima e na saúde emocional das mulheres (CARRILHO, 2017). Quem se submeteu à violência do cárcere não consegue sair ileso. Diante de um forte golpe, a família pode se congelar, sofrer uma desorganização severa ou se reorganizar em outro modelo de funcionamento. Quando isso é conseguido, será possível oferecer o suporte para esse momento de crise, tanto no âmbito individual quanto no familiar.

A família desempenha o papel de mediador entre o sujeito, os costumes, a norma e a ética (BRUSCHINI, 1989). Quando essa função passa a ser exercida de maneira mais frágil, pela ausência da figura de referência, os filhos e filhas podem repetir o padrão das figuras parentais e ingressar no universo criminoso:

> *A polícia faz a investigação, mas sabe como é que é, né?! Disseram que ele* [filho] *estava envolvido no tráfico, que ele tava para lá, é... é, no tráfico. A investigadora quando veio falar comigo pela quantidade de tiro* [que o filho levou] *falou que foi execução, e assim pelo jeito que ele tava amarrado, aquela coisa toda, foi muito...* (M.S.)

Há um impacto do encarceramento materno no ingresso dos filhos nesse universo, retroalimentando a "carreira do crime" (STELLA, 2009). A ausência da figura materna, a marca do estigma pelo fato de ser filho ou filha de uma presidiária, o sentimento de culpa por ter a mãe presa e a identificação com o lugar da criminosa são alguns dos elementos que podem contribuir para a entrada no crime e a perpetuação nesse meio. Por outro lado, essas mulheres são mobilizadas para o abandono da prática delitiva pela consciência de que sua ausência acarreta graves consequências na vida de seus filhos e a manutenção da atividade criminosa oferece um risco para os familiares em geral, (BARCINSKI, 2009).

O abrupto afastamento da figura materna impõe a necessidade urgente de ajustes na estrutura familiar. Para algumas famílias, isso é feito com mais facilidade, e elas conseguem oferecer amparo para as detentas e também para os seus integrantes que permanecem na vida em sociedade. De volta à liberdade, a egressa deverá fazer sua reinserção na família, na vida prática e no âmbito emocional.

CONSIDERAÇÕES FINAIS

A estrutura opressiva do sistema prisional se revela de forma marcante nesta pesquisa, tanto no discurso das entrevistadas como nas fontes consultadas. Os pontos de referência no mundo externo favorecem a transformação ou a repetição do *status quo*, numa retroalimentação do padrão vigente na sociedade que se reproduz no cárcere. Uma vez feita a opção pela reprodução desse modelo, o padrão de violência é transplantado para o interior do sistema penitenciário. Assim, os corpos inseridos nesses dois universos, *a priori* distintos, sofrem das mesmas injustiças sociais.

Esse modo de funcionamento demonstra a seletividade do sistema penal que encarcera de forma exponencial negros, pobres e mulheres. De acordo com o Infopen (SANTOS, 2017), 62% das mulheres encarceradas são negras, evidenciando o racismo institucional e estrutural existente.

Dentro dessa realidade, um aspecto se destaca em primeiro lugar, citado de forma unânime nas entrevistas e também na literatura pesquisada — a violência no ambiente prisional. A superlotação carcerária é um campo fértil para as práticas violentas em suas diversas formas e constitui uma grave violação dos direitos humanos das prisioneiras.

O afastamento da rede relacional é um dos principais impactos emocionais resultantes do encarceramento. A privação no âmbito das relações pode ser observada entre as detentas e a instituição, como também na esfera dos relacionamentos interpessoais das detentas entre si. O ambiente de hostilidade prisional revela uma clara polaridade de comportamentos entre elas, que ora são rivais, ora solidárias. O sistema de opressão e subjugação impresso pelas guardas é transferido para o modelo de relação vivido entre as próprias detentas. São recorrentes as atitudes tirânicas que exigem submissão total do outro, tornando o ambiente ainda mais ofensivo.

O conflito é acirrado por um estado de privação absoluta, no qual nem mesmo as necessidades objetivas básicas são contempladas e as disputas por alimentos ou itens de higiene agravam a rivalidade. Nota-se que o ataque não é dirigido somente aos bens materiais, mas também aos laços familiares e à integridade psíquica das prisioneiras. Um exemplo dessa atitude é o chamado "baque de cinco minutos", em que as guardas inutilizam os alimentos trazidos por visitantes com o uso de água ou sabão em pó.

Em contrapartida, existe também um movimento oposto, quando as detentas estabelecem relações "familiares" entre elas, nomeando-se como "mãe", "filha" ou "irmã". Dessa maneira, elas reproduzem no cárcere o modelo familiar, demonstrando a importância da troca de afeto e o valor do apoio recebido.

O cárcere é um ambiente marcado por vários tipos de carência. Nesse espaço de privação, onde a violência é vivida diariamente, a automutilação e o ato extremo do suicídio se tornam uma possibilidade presente. Entre as situações recorrentes de violência que expõem a mulher a riscos e a vulnerabilizam estão: brigas conjugais do casal parental, abusos e agressões sexuais, punições corporais, familiares presos, uso de drogas e histórico de tentativas de suicídio.

O suicídio fala de uma violência dirigida ao próprio corpo e à sua existência. Esse ato pode também significar uma tentativa desesperada de se livrar da dor. Nesses casos, pode ser identificada uma intergeracionalidade da violência, contribuindo para sua perpetuação. A transmissão desse elemento violento de uma geração para outra produz o congelamento. Cabe destacar que a violência e o afastamento dos familiares também são importantes fatores de risco.

A exposição cotidiana a estressores significativos demanda mecanismos de adaptação até então inexistentes no repertório de vida do sujeito. Esse cenário propicia a exacerbação de suscetibilidades já existentes e a evocação de novas fragilidades. Nota-se que a ideação suicida se correlaciona a um grave sofrimento mental já vivenciado antes do cárcere, estando associada também ao tempo de reclusão — quanto maior, mais chances de efeitos psicopatogênicos. Além disso, é importante considerar o uso de drogas e substâncias psicoativas sem prescrição e acompanhamento médico, o que leva ao agravamento dos quadros psicopatológicos.

Segundo o relatório do Escritório das Nações Unidas sobre Drogas e Crime (UNODC, 2008), uma alta parcela de mulheres encarceradas foi vítima de violência antes da prisão. Essas situações são reatualizadas durante o período de detenção e a marca da violência produz o efeito da reincidência. O caráter traumático dessa vivência tem uma tendência a se fixar e dificultar sua metabolização. A memória traumática advinda de acontecimento imprevisível acarreta dificuldade para uma vinculação positiva consigo mesmo e com o outro.

A narrativa das mulheres entrevistadas confirma o valor do apoio da família e a relevância da visitação durante a privação da liberdade. Funcionando como uma ponte entre a detenta e o meio externo, os familiares acompanham o processo de seus presos, fornecem os suprimentos de higiene e alimentação que o Estado não provê e possibilitam a manutenção dos vínculos afetivos. Quando os membros do núcleo familiar se disponibilizam para acolher os filhos das mulheres encarceradas, costumam preservar a ligação destes com as suas mães, possibilitando a manutenção desse vínculo e facilitando a retomada do convívio após a liberdade.

A preservação dessa ligação é extremamente necessária para a suportabilidade do período de encarceramento, a reinserção após a soltura e a diminuição da taxa de reincidência. Nos momentos de crise, a família exerce um papel fundamental e funciona onde o Estado se omite. Ainda assim, inúmeras vezes os alimentos levados pelos familiares são impossibilitados de entrar, visto que as regras se modificam sem aviso prévio para os visitantes. Além disso, os familiares passam por uma revista constrangedora e até mesmo vexatória. Usando como pretexto a obediência às regras, esse comportamento por parte da instituição parece ter a finalidade de intimidar, numa tentativa de estragar tudo o que a família traz, tanto no apoio concreto quanto no suporte emocional.

A gravidez e o pós-natal estão entre as vivências mais dolorosas no cárcere. Quando o bebê completa, em média, seis meses de idade, é encaminhado para a família ou, quando não é possível esse acolhimento, para adoção. Essa situação de abrupta separação coloca o par mãe-filho em uma condição de grave sofrimento e aumenta sua vulnerabilidade.

As regras internacionais de Bangkok proíbem expressamente que as mulheres sejam algemadas durante o trabalho de parto, mas essa norma é descumprida em nosso país (BRASIL/CNJ, 2016). A violação foi constatada em nossa pesquisa, acrescida do impedimento à amamentação.

Evidentemente, o cárcere não é um ambiente adequado para o desenvolvimento saudável de uma criança, mas ao mesmo tempo ela precisa do acompanhamento materno. Os cuidados dispensados ao filho pela mãe servem de base afetiva e funcionam como modelo para todos os seus relacionamentos posteriores. Em contrapartida, a ruptura brusca e precoce acarreta prejuízos significativos para o vínculo dessa dupla e as relações que serão estabelecidas pela criança ao longo da vida.

Durante o tempo de confinamento, é fundamental o papel da rede de apoio, conforme enfatizado na narrativa das entrevistadas e na literatura consultada. Esse suporte se mantém como fonte de amparo essencial, tanto para as detentas quanto para os seus filhos. As prisioneiras dependem totalmente dos familiares para manter o acesso à sua prole, sendo essencial esse suporte para preservar o espaço de convívio. Nas entrevistas realizadas, diferentemente do que é encontrado na literatura, a parceria masculina se manteve no acompanhamento das mulheres através das visitas e também no cuidado dos filhos e filhas ao longo do período de encarceramento. As figuras femininas da família também exercem essa função, formando um círculo de mulheres em torno da prisão.

A capacidade de cuidar, oferecer atenção e compreensão são atributos ditos femininos, construídos e transmitidos através da ideologia patriarcal. Esse registro coloca a mulher no lugar de responsável pelo cuidado do outro, bem como no papel de proteção dos membros da família. Diante de uma situação abrupta e extremamente adversa como o encarceramento da figura materna, algumas famílias conseguem se reorganizar de forma mais funcional do que outras. Como foi demonstrado nas entrevistas, essa capacidade maior de resiliência irá proporcionar um acompanhamento mais efetivo durante o período de confinamento e um melhor acolhimento após a liberdade. Nos momentos de crise, a família — principalmente nas camadas de baixa renda — necessita do amparo da rede ampliada, formando um contínuo de reciprocidade.

Algumas detentas recusam a visitação de seus filhos na cadeia. Esse comportamento se dá por vergonha e culpa diante da situação e do sofrimento imposto aos entes queridos com o afastamento. Esse sentimento se estende após a soltura, provocando uma tentativa de encobrimento da experiência de detenção. O preconceito vivido diante do fato de ser mulher e ter cometido um delito gera medo, desconfiança e insegurança. O segredo, nessa circunstância, aparece como tentativa de lidar com a segregação social e com o julgamento familiar, ocasionando uma série de dificuldades na comunicação com seus filhos e na possibilidade de elaboração de uma experiência traumática.

Os filhos precisam dessa narrativa para a elaboração e redução dos temores e outras reações a um evento potencialmente gerador de trauma. As mulheres também demonstram a necessidade de uma compensação pela separação, prolongando o período de amamentação, sendo mais carinhosas ou valorizando ainda mais a família. Quanto maior o tempo de encarceramento, mais graves serão os efeitos negativos advindos dessa ausência. Da mesma maneira, a qualidade da relação da detenta com os cuidadores dos seus filhos irá repercutir no relacionamento parento-filial durante o período de afastamento e após a sua reinserção na família.

Após a soltura, a mulher terá de se adaptar ao ambiente extramuros. O fenômeno de *prisionização* — a introjeção da cultura prisional por parte das detentas — gera um hiato entre essas duas realidades, que observam regras distintas e comportamentos divergentes. A prisão impõe uma rigorosa sujeição às suas normas de funcionamento, sob pena de sanções arbitrárias. O uso de uniformes e os horários rígidos das refeições e entradas na cela contribuem para o processo de desconstrução de uma identidade própria, cujo intuito é subjugar para dominar. Um exemplo dessa despersonalização é chamar as detentas de "internas", e não pelo respectivo nome.

Nesse universo, sobressai o aprendizado de potencialidades para o crime, sendo difícil adquirir um conhecimento ou habilidade na prisão que possa ter aplicação prática na vida extramuros. Os efeitos da aculturação no encarceramento produzem duas situações conflitantes — na prisão, a imposição da passividade e submissão; após a soltura, a demanda por um comportamento ativo para a reconstrução da vida.

Há também o peso dos efeitos psíquicos do encarceramento, que produzem um autoconceito negativo. O sujeito passa a ter uma autoimagem inferior à que possuía antes de entrar no sistema penitenciário. Nesse tipo de sintomatologia, o maior tempo de reclusão também provoca maiores danos. Esses efeitos danosos só não ocorrem quando as detentas incorporaram os papéis referentes às atividades criminosas. Nesse caso, o conflito torna-se inexistente, uma vez que o aprendizado na cadeia desenvolve as habilidades necessárias para a manutenção da prática no crime.

Nas entrevistas, a maior parte das mulheres demonstrava não querer retornar ao encarceramento, tanto pelo afastamento de seus familiares como pelo ambiente prisional. Uma das entrevistadas, que tem quatro passagens pelo sistema, revela um grande esforço para se manter afastada das drogas e não cometer novos delitos. Nesse caso específico, a precariedade econômica era mais expressiva. Como atividade para proporcionar renda, ela vendia balas no sinal de trânsito, ocupação que aprendera com a mãe e por sua vez ensinava para a filha mais velha. O padrão de miséria vivido por gerações demonstra como a fragilidade e as dificuldades anteriores ao encarceramento são enrijecidas pelo ambiente prisional e aumentam a probabilidade de reincidência no crime. O ambiente desumanizador do cárcere estimula a delinquência, podendo promover um efeito criminógeno.

A supremacia do sexo masculino sobre o feminino é uma importante referência social, e nas situações de transgressão feminina o estigma associado a esse comportamento exerce um peso ainda maior. As implicações do preconceito sofrido pela mulher que comete um crime estão vinculadas ao estereótipo de gênero. A repulsa se deve à transgressão das normas patriarcais de docilidade e passividade direcionadas ao universo feminino. A mulher passa a ser condenada não só pelo crime cometido, mas também por um julgamento moral.

Esses elementos vulnerabilizam a mulher, dificultando sua reinserção e contribuindo para a reincidência no crime. O resultado é que algumas mulheres optam por se manter foragidas, ou pelo menos cogitam essa possibilidade. Diante da complexidade da transição entre estes dois espaços — a permanência no cárcere e os obstáculos para reinserção na vida em liberdade —, ela foge do confronto com a realidade, preferindo permanecer à margem da sociedade, afastando-se de si mesma e até se mantendo em situação de cárcere dentro da própria casa.

Após a saída do sistema prisional, a mulher se depara com as dificuldades para a reinserção no universo laboral, mas esse problema já era uma condição de sua vida pré-cárcere. Com a soltura, a mulher enfrenta o duplo estigma — ser mulher e criminosa.

A sociedade está imersa em um sistema sexista, racista e machista. O nascimento dentro de uma determinada classe social e grupo racial funciona como marca e basicamente condena o sujeito à perpetuação desse lugar durante toda a sua trajetória de vida. Algumas entrevistadas relatam a dificuldade de estar nessa condição. Uma delas conta o episódio em que foi demitida, imediatamente após a revelação de que havia cumprido pena. Algumas optam pelo trabalho em casa, enquanto outras ocultam a passagem pela prisão, temendo a exclusão social e laboral.

A partir da formação do núcleo familiar e do ingresso da mulher no mercado de trabalho, surge a necessidade de conjugar o espaço doméstico e o universo produtivo. A jornada extra de trabalho, que exige a conciliação das tarefas domésticas com os cuidados dos filhos e a inserção na atividade laboral, favorecerá a entrada da mulher no crime. Muitas mulheres eram chefes de família, respondendo pelo cuidado dos filhos e o sustento financeiro da casa, quando foram encarceradas. Dentro dessa perspectiva, compreende-se a opção feminina pelo tráfico de drogas, pois essa escolha permite exercer uma função rentável dentro do ambiente doméstico.

A persistência dessa dicotomia onde o público é o lugar do masculino e o privado do feminino ergue uma barreira para a inserção da mulher no mercado de trabalho. Os obstáculos para prover a subsistência de seus filhos funcionam como um fator de risco para a entrada no universo delitivo.

A inserção da mulher no mundo do crime deve ser pensada a partir de uma conjunção de fatores — a dificuldade de subsistência, as relações amorosas, a aquisição de status e o uso de drogas. O tráfico é o crime que mais encarcera as mulheres, e está relacionado a esses aspectos. A associação da imagem feminina a atributos como a submissão, docilidade e passividade serve de sustentação à cooptação da mulher para a criminalidade. No comércio ilícito de drogas, elas exercem funções mais subalternas, sem a mesma visibilidade do homem.

Além dos aspectos econômicos, é preciso ressaltar também a influência das relações amorosas para a transgressão feminina. Nesta pesquisa, somente uma entrevistada não tinha o seu delito vinculado à figura masculina. Confirma-se então que a construção da identidade feminina ainda se mantém pautada pela relação amorosa, e nesse sentido o ato criminoso é uma prova de amor e lealdade.

Na sociedade patriarcal, a identidade da mulher se organiza a partir da relação afetiva, sendo seu dever se sacrificar pelo homem e lhe oferecer apoio incondicional. Ao mesmo tempo, os registros sociais que promovem a desigualdade de gênero servem para diminuir o peso do papel de criminosa incutido na mulher. O crime estaria a serviço da subsistência e dos laços afetivos. Assim sendo, a conduta delitiva seria fruto de um ato passional, incentivado pela preservação do vínculo familiar.

A representação social de um criminoso é conferida aos atos de maior violência. Como a maioria das mulheres não se encaixa nessa categoria, a figura da criminosa é novamente amenizada, numa tentativa de silenciar o crime feminino.

Para muitas mulheres, o amor funciona como ideal de vida e renúncia de si mesma, o que permite estabelecer a ligação entre o envolvimento amoroso e o crime. O discurso das entrevistadas revela que, uma vez presas, rompe-se a relação amorosa e com ela também a sua permanência no universo do crime.

O segundo ato delitivo mais comum no universo feminino é o crime contra o patrimônio. Na maioria das vezes, as mulheres não se envolvem em crimes violentos, mas algumas transgressões se encaixam nesse perfil. O espaço privado ainda se constitui como um lugar tradicionalmente feminino. Ao cometer uma violação com alto nível de gravidade, a mulher circunscreve esse ato ao universo doméstico. Os homicídios femininos são majoritariamente voltados contra desafetos e inimigos, e em segundo lugar aos maridos e companheiros (ALMEIDA, 2001). O caso do homicídio cometido por uma das entrevistadas se insere nessa situação. Essa junção de fatores sugere uma reação, mesmo que inconsciente, à opressão vivida pela mulher.

Outro aspecto de extrema relevância é a transgeracionalidade da violência, que favorece a inserção no universo delitivo dos filhos de mães encarceradas, perpetuando assim a carreira criminosa. A identificação com uma mãe que opta pelo crime, o estigma que se estende da mãe ao filho ou filha e a culpa por ter uma mãe encarcerada são alguns dos elementos que facilitam a opção pela transgressão.

Ampliando essa compreensão, deve-se considerar que todo ser humano recebe uma herança genealógica que se processa no inconsciente e constitui a base do psiquismo. A potencialidade da criança é ativada a partir dos vínculos intersubjetivos que se processam no meio familiar. Por outro lado, o material transmitido que não foi elaborado se apresenta como elemento bruto, com um conteúdo de difícil simbolização. A violência se inclui nesse percurso e dificulta o trabalho de transformação.

A prisão é um retrato da sociedade, principalmente do que ela procura esconder. Porém, nessa versão encarcerada da vida, temos os seus elementos mais perversos expostos no cotidiano. Observa-se uma regressão dos elementos já conquistados no plano social, perdem-se os direitos já adquiridos e a dignidade. São modelos de funcionamento que reverberam a cultura patriarcal e racista. Nesse sistema, os negros, negras e pessoas de classe menos favorecida ocupam a maior parte do espaço, marcado pela segregação e o esquecimento. A desigualdade prevalece, tanto na seletividade da inserção prisional como no modo de funcionamento interno. Um exemplo desse desequilíbrio é o acesso ao trabalho dentro do presídio, em que os homens recebem melhores oportunidades para obtenção do pecúlio e remissão da pena.

Outro tópico relevante é a supremacia da privação afetiva. O afeto promove a inscrição do sujeito no registro simbólico. É a partir da troca relacional que esse afeto se insere, tanto no campo individual como no universo das relações. Ocorre, porém, que a aridez e a crueldade do ambiente prisional dificultam as expressões afetivas, e esse espaço é ocupado pela intolerância, a violência e a aniquilação do "eu" na sua individualidade e expressão social.

As trocas relacionais com o meio externo e interno são absolutamente precárias, o que torna difícil suportar o período de confinamento. Nessas circunstâncias, o medo passa a ser constante — o medo do outro, de si mesma, o medo do que está por vir. Para enfrentar essa realidade, muitas mulheres — inclusive algumas das entrevistadas — buscam refúgio em um excesso de medicalização, tentando se anestesiar da vida ou como uma forma de ataque a si mesma. No presídio, o acesso aos medicamentos e também às drogas é facilitado. A medicalização da dor psíquica sem nenhum controle e o uso de drogas servem para domesticar esses corpos e, com isso, exercer mais facilmente o domínio. Essa realidade evidencia a situação de total desamparo a que essas mulheres estão submetidas.

O sistema prisional feminino pode ser descrito como um somatório de iniquidades e violências. A prisão foi projetada para homens, e dentro desse contexto a mulher é vista como um "não homem" (CERNEKA, 2009). Suas especificidades não são, absolutamente, contempladas. Isso ocorre tanto no campo individual, nas necessidades de ordem objetiva (papel higiênico, absorventes etc.), quanto em um contexto mais amplo — como o respeito ao direito de acompanhar o desenvolvimento de seus filhos e filhas.

O encarceramento representa uma resposta aos problemas no âmbito da segurança e nas esferas sociais. Nessa política baseada na repressão, o recrudescimento das penas e a manutenção por prazo indeterminado da prisão preventiva são alguns exemplos da aplicação de normas que produzem violações, pois não contemplam o respeito aos direitos dos seres humanos. O sistema prisional funciona sob uma ótica punitivista, racista e sexista, aglutinando os elementos rechaçados pela sociedade.

As características perversas da sociedade se amplificam dentro do sistema carcerário. As diferenças são tratadas como desigualdades, interditando o espaço das minorias (TIBURI, 2018). O totalitarismo se dedica a aniquilar o sujeito; a intolerância oprime, provocando uma carga intensa de sofrimento. Essa vivência promove o afastamento do sujeito como um ser social, o distanciamento de si mesmo e obstrução no esforço de reconstrução da vida após a soltura. Dito de outra forma, o isolamento não favorece a reintegração. A sociedade deveria funcionar como continente, mas a violência opera também no registro social e essa interferência vulnerabiliza ainda mais os recursos intrapsíquicos, ameaçando a integridade do "eu".

O presente estudo mostrou que o componente da violência perpassa todo o percurso analisado, fazendo-se presente no campo subjetivo, no ambiente do cárcere, na vida social e na família. Por outro lado, o efeito benéfico do apoio familiar é essencial para o enfrentamento das dificuldades na fase do encarceramento e para a manutenção da liberdade. O sofrimento causado pelo afastamento promove um enfraquecimento dos vínculos e traz dificuldades significativas para o desenvolvimento dos filhos das mães encarceradas. A saudade e a dor por não acompanhar o seu desenvolvimento torna a realidade do confinamento difícil de suportar.

Toda ruptura causa repercussões traumáticas, e a brutalidade do cárcere produz efeitos patogênicos em todos os envolvidos. Além disso, a prisão se organiza em torno das premissas de expiação da culpa e recuperação moral, que recaem de forma ainda mais severa sobre a mulher. Ao incorporar a cultura prisional, a egressa muda o seu modo de viver e posteriormente terá maior dificuldade para a sua reintegração social.

Ao mesmo tempo, as instituições sociais que deveriam dar suporte nesse momento são marcadas pela inoperância e fragilidade, e a ausência desse apoio fundamental para a superação das agressões sofridas no espaço social irá repercutir na esfera psíquica. O confronto com o estigma de ser mulher e ter cometido um delito é inevitável. O preconceito dificulta o surgimento de novas possibilidades que venham modificar as condições de vida anteriores, as quais exerceram forte influência para a entrada no crime. Dessa maneira, a condenação não finda com o cumprimento da pena. Ou seja, a egressa acerta suas contas com a justiça, mas não com a sociedade. Essas marcas visíveis e invisíveis geram exclusão e uma série de violações em sua condição de cidadã.

Há um longo caminho a ser trilhado no sentido de estabelecer políticas públicas específicas para a situação de homens e mulheres no sistema prisional e em seu desencarceramento. Além disso, a realidade aponta para uma discrepância no tratamento das detentas, que sofrem ainda com o estigma da transgressão das expectativas reservadas à figura feminina na sociedade. A política punitivista predominante no Brasil é responsável pelo superencarceramento e favorece a reincidência prisional, mantendo a marginalização da população historicamente oprimida.

Caminhar na contramão dessa ideologia seria investir em políticas públicas que não adotem a massiva inserção das minorias no sistema prisional como solução para nossas mazelas sociais. Apesar de não ser o único fator, a miséria está diretamente associada à criminalidade. No entanto, em vez de reforçar os programas sociais capazes de servir de base para a transformação desse quadro — na oferta de trabalho e nas áreas da educação e saúde públicas, por exemplo —, nossas políticas se apresentam de forma cada vez mais punitivista.

Além disso, é necessário um trabalho de conscientização para combater o preconceito vigente na sociedade e facilitar a inclusão laboral das egressas após o cumprimento de suas penas. Trazer essas questões para um amplo debate público é uma condição essencial e urgente para o indispensável processo de mudança.

Para finalizar, cabe assinalar a escassez de material de investigação e estudo sobre um problema de extrema complexidade e gravidade. Por exemplo, uma questão adjacente a esta pesquisa diz respeito às repercussões do cárcere sobre os agentes penitenciários, que desempenham em seu trabalho tarefas que produzem intenso desgaste emocional, sem o apoio de um acompanhamento psicológico.

Os efeitos do aprisionamento se fazem sentir em toda a população que se encontra inserida dentro do sistema prisional, sendo necessárias mudanças significativas no seu modo de funcionamento. A adoção de alternativas penais ao regime fechado seria uma forma de mitigar os efeitos nocivos de um modelo que perpetua a criminalidade ao favorecer a reincidência e exacerba o preconceito e a exclusão social. A condenação criminal deveria ser aplicada exclusivamente à própria apenada, sem ser transferida aos seus familiares. No entanto, quando o universo feminino está em questão, os efeitos da prisão se estendem à vida de seus familiares, desencadeando inúmeras consequências negativas.

REFERÊNCIAS

ALARCÃO, M.; SIMÕES, F. O impacto da reclusão na conjugalidade e na parentalidade. *Ousar integrar*: revista de reinserção social e prova, n. 5, p. 1-13, 2010. Disponível em: https://www.researchgate.net/publication/263696694 _O_impacto_da_reclusao_na_conjugalidade_e_na_parentalidade_perspectiva_da_companheira_do_recluso. Acesso em: 8 fev. 2019.

ALMEIDA, R. *Mulheres que matam*: universo imaginário do crime feminino. Rio de Janeiro: Relume Dumará, 2001.

ALVES, A. Ser mulher em um sistema prisional feito por e para homens. *Ponte Jornalismo*, 23 jun. 2016. Disponível em: https://ponte.org/ser-mulher-em-um-sistema-prisional-feito-por-e-para-homens/. Acesso em: 9 fev. 2019.

AMARAL, F.; BISPO, T. Mães e filhos atrás das grades: um olhar sobre o drama do cuidar de filhos na prisão. *Revista Enfermagem Contemporânea*, v. 5, n. 1, p. 51-58, 2016. Disponível em: http://dx.doi.org/10.17267/2317-3378rec.v5i1.836. Acesso em: 8 fev. 2019.

ANTUNES, S. *Os caminhos do trauma em Nicolas Abraham e Maria Torok*. São Paulo: Escuta, 2003.

BADARÓ, M. *Sistema prisional*: contando e recontando histórias. Curitiba: Juruá, 2012.

BADINTER, E. [1980] *Um amor conquistado*: o mito do amor materno. Rio de Janeiro: Fronteira, 1985.

BALINT, M. *A falha básica*: aspectos terapêuticos da regressão. Porto Alegre: Artes Médicas, 1993.

BANCO NACIONAL DE MONITORAMENTO DE PRISÕES (BNMP 2.0). *Cadastro nacional de presos*. Brasília: Conselho Nacional de Justiça, 2018. Disponível em: http://www.cnj.jus.br/files/conteudo/arquivo/2018/08/987409aa856db291197e81ed314499fb.pdf. Acesso em: 5 fev. 2019.

BARATTA, A. *Ressocialização ou controle social*: uma abordagem crítica da "reintegração social" do sentenciado. 2011. Disponível em: http://www.egov.ufsc.br/portal/sites/default/files/anexos/13248-13249-1-PB.pdf. Acesso em: 8 fev. 2019.

BARCINSKI, M. Centralidade de gênero no processo de construção da identidade de mulheres envolvidas na rede do tráfico de drogas. *Ciência & Saúde Coletiva*, v. 14, n. 5, p. 1.843-1.853, 2009. Disponível em: http://www.scielo.br/pdf/csc/v14n5/26.pdf. Acesso em: 8 fev. 2019.

BARCINSKI, M. Expressões da homossexualidade feminina no encarceramento. *Psico-USF*, v. 17, n. 3, p. 437-446, set.-dez. 2012. Disponível em: http://www.scielo.br/pdf/pusf/v17n3/10.pdf. Acesso em: 8 fev. 2019.

BARDIN, L. *Análise de conteúdo*. São Paulo: Edições 70, 2011.

BARRETO, M. Depois das grades: um reflexo da cultura prisional. *Psicologia*: ciência e profissão, v. 26, n. 4, p. 582-593, 2006.

BARRETO, N. No ventre da cadeia: corpos possíveis no sistema penitenciário feminino do Rio de Janeiro. *In:* VILHENA, J.; NOVAES, J. (org.). *Que corpo é este que anda sempre comigo?* Corpo, imagem e sofrimento psíquico. Curitiba: Appris, 2016.

BASSANI, F. *Visita íntima*: sexo, crime e negócios nas prisões. Porto Alegre: Bestiário, 2016.

BAUMAN, Z.; DONSKIS, L. *Cegueira moral*: a perda da sensibilidade na modernidade líquida. São Paulo: Zahar, 2014.

BEATTINE, P. "Cada homem traz dentro de si sua tragédia sexual": visita conjugal, gênero e a questão sexual nas prisões (1934), de Lemes Brito (2009). *In*: MAIA, C. *et al.* (org.). *História das prisões no Brasil*. Rio de Janeiro: Anfiteatro, 2017.

BEAUVOIR, S. [1949] *O segundo sexo*: fatos e mitos. São Paulo: Difusão Europeia do Livro, 1970.

BIANCHINI, A. Tráfico de drogas e sua maior vulnerabilidade: série mulher e crime. *Portal Jusbrasil*, 16 nov. 2011. Disponível em: http://professoraalice.jusbrasil.com.br/artigos/121814131/mulheres-tráfico-de-drogas-e-sua-maior--vulnerabilidade-serie-mulher-e-crime. Acesso em: 8 fev. 2019.

BIROLI, F. *Gênero e desigualdades, limites da democracia no Brasil*. São Paulo: Boitempo, 2018.

BITENCOURT, C. [1993] *Falência da pena de prisão, causas e alternativas*. São Paulo: Saraiva, 2017.

BOCAYUVA, P. C. C. Estado de guerra global: exceção, medo e crueldade sobre a periferia no século XXI. *In*: BIRMAN, J.; FORTES, I. (org.). *Guerra, catástrofe e risco*: uma leitura interdisciplinar do trauma. São Paulo: Zagodoni, 2018.

BORGES, J. *O que é encarceramento em massa?* Belo Horizonte: Letramento, 2018.

BOURDIEU, P. [1998] *A dominação masculina*: a condição feminina e a violência simbólica. Rio de Janeiro: Bestbolso, 2017.

BRAGA, G. A.; ANGOTTI, B. Da hipermaternidade à hipomaternidade no cárcere feminino brasileiro. *Sur Revista Internacional de Direitos Humanos*, v. 12, n. 22, p. 229-239, 2015. Disponível em: https://bdjur.stj.jus.br/jspui/bitstream/2011/101231/hipermaternidade_hipomaternidade_carcere_braga.pdf. Acesso em: 8 fev. 2019.

BRANCO, T. C. O que você não sabe sobre os Manicômios Judiciários brasileiros. *Justificando*: mentes inquietas pensam Direito, 5 out. 2016. Disponível em: http://www.justificando.com/2016/10/05/o-que-voce-nao-sabe-sobre-os-manicomios-judiciarios-brasileiros/. Acesso em: 11 fev. 2019.

BRASIL. CONSELHO NACIONAL DE JUSTIÇA (CNJ). *Regras de Bangkok*: regras das Nações Unidas para o tratamento de mulheres presas e medidas não privativas de liberdade para mulheres infratoras. Brasília, 2016. Disponível em: http://www.cnj.jus.br/files/conteudo/arquivo/2016/03/27fa43cd9998bf5b43aa2cb3e0f53c44.pdf. Acesso em: 8 fev. 2019.

BRASIL. CONSELHO NACIONAL DE JUSTIÇA (CNJ). Resolução n.º 175, de 14 de maio de 2013. Dispõe sobre a habilitação, celebração de casamento civil, ou de conversão de união estável em casamento, entre pessoas de mesmo sexo. Disponível em: http://www.cnj.jus.br/busca-atos-adm?documento=2504. Acesso em: 5 fev. 2019.

BRASIL. Lei n.º 13.434, de 12 de abril de 2017. Acrescenta parágrafo único ao art. 292 do Decreto-Lei n.º 3.689, de 3 de outubro de 1941 (Código de Processo Penal), para vedar o uso de algemas em mulheres grávidas durante o parto e em mulheres durante a fase de puerpério imediato. Disponível em: http://www.planalto.gov.br/ccivil_03/_Ato2015-2018/2017/Lei/L13434.htm. Acesso em: 7 fev. 2019.

BRITO, A. *et al. O egresso do sistema prisional*: do estigma à inclusão social. Belo Horizonte: Instituto Elo, 2013.

BRUSCHINI, C. Uma abordagem sociológica de família. *Revista Brasileira de Estudos de População*, v. 6, n. 1, p. 1-23, jan.-jun. 1989. Disponível em: https://www.rebep.org.br/revista/article/view/562/pdf_536. Acesso em: 7 fev. 2019.

BYRNE, M. W.; GOSHIN, L. S.; JOESTL, S. S. Intergenerational transmission of attachment for infants raised in a prison nursery. *Attachment & Human Development*, v. 12, n. 4, p. 375-393, 2010. Disponível em: https://doi.org/10.1080/14616730903417011. Acesso em: 7 fev. 2019.

CAD. DE SAÚDE PÚBLICA. Tuberculose no sistema prisional brasileiro: cenários via Joinpoint entre 2007 e 2019. Disponível em: https://doi.org/10.1590/0102-311XPT166722, 2023. Acesso em: 22 out. 2023.

CAMPBELL, A. et al. *Mulheres, meninas e privação de liberdade no Rio de Janeiro*. Rio de Janeiro: ALERJ, 2016. Disponível em: http://piaui.folha.uol.com.br/lupa/wp-content/uploads/2016/03/Mulheres-Meninas-e-Priva%C3%A7%C3%A3o-de-Liberdade-no-Rio-de-Janeiro-010316.pdf. Acesso em: 8 fev. 2019.

CARMO, I. M. N. *O impacto da prisão na conjugalidade*. 2010. Dissertação (Mestrado em Família e Sociedade) — Instituto Superior de Ciências do Trabalho e da Empresa, Instituto Universitário de Lisboa (IUL), Lisboa, 2010. Disponível em: http://hdl.handle.net/10071/1460. Acesso em: 7 fev. 2019.

CARRILHO, G. I. *A violência de gênero além das grades*: os múltiplos processos de estigmatização do feminino encarcerado. Rio de Janeiro: Lumen Juris, 2017.

CARTER, B.; McGOLDRICK, M. *As mudanças no ciclo da vida familiar*. Porto Alegre: Artes Médicas, 1995.

CERNEKA, H. A. Homens que menstruam: considerações acerca do sistema prisional às especificidades da mulher. *Veredas do Direito*, v. 6, n. 11, p. 61-78, jan.-jun. 2009. Disponível em: http://www.domhelder.edu.br/revista/index.php/veredas/article/view/6/5. Acesso em: 7 fev. 2019.

CERQUEIRA, M. Fragmentos de vida. Memória. Seleções e notas de Gustavo Barbosa. Rio de janeiro: Edições de Rio de Janeiro, 2017.

CHAUÍ, M. Sobre o medo. *In*: NOVAES, A. (org.). *Os sentidos da paixão*. São Paulo: Companhia das Letras, 1987.

CHESKYS, D. *Mulheres invisíveis*: uma análise da influência dos estereótipos de gênero na vida das mulheres encarceradas. 2014. Dissertação (Mestrado em

Direito) — Programa de Pós-Graduação em Direito, Pontifícia Universidade Católica do Rio de Janeiro (PUC-Rio), Rio de Janeiro, 2014.

CORREA, O. B. R. Eclosão dos vínculos genealógicos e transmissão psíquica. *In*: CORREA, O. B. R. *Os avatares da transmissão psíquica geracional*. São Paulo: Escuta, 2000.

CORREA, O. B. R. Transmissão psíquica entre as gerações. *Psicologia USP*, v. 14, n. 3, p. 35-45, 2003. Disponível em: http://www.scielo.br/pdf/pusp/v14n3/a04v14n3. Acesso em: 7 fev. 2019.

COSTA, E. *Amor bandido*: as teias afetivas que envolvem a mulher no tráfico de drogas. Maceió: Ufal, 2008.

COSTA, I. *Mães encarceradas*: onde estão seus filhos? Um estudo de caso em uma unidade prisional de Recife-PE. 2003. Dissertação (*Magister Scientiae*) — Programa de Pós-Graduação em Economia Doméstica, Universidade Federal de Viçosa (UFV), Minas Gerais, 2003. Disponível em: http://www.locus.ufv.br/handle/123456789/9243. Acesso em: 7 fev. 2019.

COSTA, J. F. *Psicanálise e contexto cultural*. Rio de Janeiro: Campus, 1989.

COSTA, J. F. *Violência e psicanálise* (1984). São Paulo: Graal, 2003.

CUNEO, M. *Abrigamento prolongado*: os filhos do esquecimento. Rio de Janeiro: Ibrape, 2007.

CUNHA, M. I. *A prisão feminina como "Ilha de Lesbos" e escola do crime*: discursos, representações, práticas. Lisboa: Centro de Estudos Judiciários, 1991.

DEBORD, G. *A sociedade do espetáculo*. Rio de Janeiro: Contraponto, 2009.

DINIZ, G. Até que a vida ou a morte os separe: análise de paradoxo das relações violentas. *In*: FÉRES-CARNEIRO, T. (org.). *Família e casal*: transmissão, conflito e violência. São Paulo: Casa do Psicólogo, 2013.

DINIZ, G.; COELHO, V. A história e as histórias de mulheres sobre o casamento. *In*: FÉRES-CARNEIRO, T. (org.). *Família e casal*: efeitos da contemporaneidade. Rio de Janeiro: PUC-Rio, 2005.

DIUANA, V.; CORREA, M.; VENTURA, M. Mulheres nas prisões brasileiras: tensões entre a ordem disciplinar punitiva e as prescrições da maternidade. *Physis Revista de Saúde Coletiva*, v. 27, n. 3, p. 727-747, 2017. Disponível em: http://

www.scielo.br/pdf/physis/v27n3/1809-4481-physis-27-03-00727.pdf. Acesso em: 8 fev. 2019.

FARIAS, I. Nem loucas, nem criminosas: a resistência da luta feminista frente aos modelos de controle. *In*: PEREIRA, M.; PASSOS, R. (org.). *Luta antimanicomial e feminismos*: discussões de gênero, raça e classe para a reforma psiquiátrica brasileira. Rio de Janeiro: Autografia, 2017.

FARIELLO, L. C. Antropóloga Débora Diniz conta experiência no Presídio Feminino de Brasília. *Agência CNJ de Notícias*, Brasília, 7 jul. 2015. Disponível em: http://www.cnj.jus.br/noticias/cnj/79820-antropologa-debora-diniz-conta-experiencia-no-presidio-feminino-de-brasilia. Acesso em: 8 fev. 2019.

FERNANDES, M. *et al. Mulheres e crianças encarceradas*: um estudo jurídico-social sobre a experiência da maternidade no sistema prisional do Rio de Janeiro. Rio de Janeiro: LADIH/UFRJ, 2015.

FERREIRA, F. M. *et al.* Opressão e transgressão: o paradoxo da atuação feminina no tráfico de drogas. *In*: SÁ, P. P. (org.). *Dossiê*: as mulheres e o sistema penal. Curitiba: OABPR, 2015. p. 150-170. Disponível em: http://www2.oabpr.org.br/downloads/dossiecompleto.pdf. Acesso em: 8 fev. 2019.

FIGUEIREDO, L. C. *As diversas faces do cuidar*: novos ensaios de psicanálise contemporânea. São Paulo: Escuta, 2009.

FIGUEIRÓ, R.; MELO, H.; MARTINS, V. Realidade da mulher presa no Rio Grande do Norte. *Revista Transgressões*: ciências criminais em debate, v. 5, n. 2, p. 22-39, out. 2017. Disponível em: https://doi.org/10.21680/2318-0277.2017v5n2ID13008. Acesso em: 8 fev. 2019.

FOUCAULT, M. [1975] *Vigiar e punir*: nascimento da prisão. Petrópolis: Vozes, 2016.

FREUD, S. [1920] Além do princípio do prazer. *In*: FREUD, S. *Além do princípio de prazer: psicologia de grupo e outros trabalhos*. (Edição s*tandard* brasileira das obras psicológicas completas de Sigmund Freud. Vol. 18). Rio de Janeiro: Imago, 1987.

FREUD, S. [1893-1895] Estudos sobre a histeria. *In*: FREUD, S. *Estudos sobre a histeria*. (Edição s*tandard* brasileira das obras psicológicas completas de Sigmund Freud. Vol. 2). Rio de Janeiro: Imago, 1987.

FRINHANI, F.; SOUZA, L. Mulheres encarceradas e espaço prisional, uma análise das representações sociais. *Psicologia, teoria e prática*, v. 7, n. 1, p. 61-79, 2005.

GAZETA DO POVO. https://www.gazetadopovo.com.br/economia/breves/taxa-desemprego-mulheres-segundo-trimestre-2022-ibge/ Acesso em março de 2023.

GIDDENS, A. [1999] *Modernidade e identidade*. Rio de Janeiro: Jorge Zahar, 2002.

GOFFMAN, E. [1963] *Estigma*: notas sobre a manipulação deteriorada. Rio de Janeiro: LTC, 2017.

GOFFMAN, E. [1961] *Manicômios, prisões e conventos*. São Paulo: Perspectiva, 1974.

GOMES, I. C. Transmissão psíquica transgeracional e violência conjugal: um relato de caso. *Boletim de Psicologia*, v. 55, n. 123, p. 177-188, 2005. Disponível em: http://pepsic.bvsalud.org/pdf/bolpsi/v55n123/v55n123a05.pdf. Acesso em: 8 fev. 2019.

GRANJA, R. P. G.; CUNHA, M. I. P.; MACHADO, H. Intimidades em (des)conexão com a prisão: as relações amorosas de mulheres antes e durante a reclusão. *In*: CONGRESSO PORTUGUÊS DE SOCIOLOGIA, 7, 2012, Porto, Portugal. *Sociedade, crise e reconfigurações*. Porto: Universidade do Porto, 2012. p. 1-14.

GRANJA, R. P. G.; CUNHA, M. I. P.; MACHADO, H. Formas alternativas do exercício da parentalidade: paternidade e maternidade em contexto prisional. *Ex æquo*, n. 28, p. 73-86, 2013. Disponível em: http://www.scielo.gpeari.mctes.pt/ pdf/aeq/n28/n28a07.pdf. Acesso em: 8 fev. 2019.

HAN, B.-C. [2011] *Topologia da violência*. Petrópolis: Vozes, 2017.

INSTITUTO DE PESQUISA ECONÔMICA APLICADA (IPEA). *A aplicação de pena e medidas alternativas*: relatório de pesquisa. Rio de Janeiro: IPEA, 2015. Disponível em: http://www.ipea.gov.br/agencia/images/stories/ PDFs/relatoriopesquisa/150325_relatorio_aplicacao_penas.pdf. Acesso em: 8 fev. 2019.

INSTITUTO TERRA, TRABALHO E CIDADANIA (ITTC). *Mulheres sem prisão*: desafios e possibilidades para reduzir a prisão provisória de mulheres. 2017. Disponível em: http://ittc.org.br/wp-content/uploads/2017/03/ relatorio_final_online.pdf. Acesso em: 8 fev. 2019.

JULIANO, M. C. C.; YUNES, M. A. M. Reflexões sobre rede de apoio social como mecanismo de proteção e promoção de resiliência. *Ambiente & Sociedade*, v. 17, n. 3, p. 135-154, jul.-set. 2014. Disponível em: http://www.scielo.br/pdf/asoc/v17n3/v17n3a09.pdf. Acesso em: 8 fev. 2019.

KAËS, R. *Transmissão da vida psíquica entre gerações*. São Paulo: Casa do Psicólogo, 2001.

LA BOÉTIE, E. [1576] *Discurso da servidão voluntária*. São Paulo: Martin Claret, 2010.

LASCH, O. [1932] *Mínimo eu*: sobrevivência psíquica em tempos difíceis. São Paulo: Brasiliense, 1999.

LEAL, M. C. et al. Nascer na prisão: gestação e parto atrás das grades no Brasil. *Ciência & Saúde Coletiva*, v. 21, n. 7, p. 2.061-2.069, 2016. Disponível em: http://www.scielo.br/pdf/csc/v21n7/1413-8123-csc-21-07-2061.pdf. Acesso em: 8 fev. 2019.

LEMGRUBER, J. *Cemitério dos vivos*: análise sociológica de uma prisão de mulheres. Rio de Janeiro: Forense, 1999.

LIMA, W. *400 x 1*: uma história do Comando Vermelho. Rio de Janeiro: ANF Produções, 2016.

LIPOVETSKY, G. [1944] *A terceira mulher*: permanência e revolução do feminino. Rio de Janeiro: Companhia das Letras, 1997.

LOPES, R. M. F.; MELLO, D. C.; ARGIMON, I. I. L. Mulheres encarceradas e fatores associados a drogas e crimes. *Ciências & Cognição*, v. 15, n. 2, p. 121-131, 2010. Disponível em: http://pepsic.bvsalud.org/pdf/cc/v15n2/v15n2a11.pdf. Acesso em: 8 fev. 2019.

LUCENA, H. H. R. *"...É o seguinte na prisão a gente aprende coisa boa e coisa ruim"*: interfaces das aprendizagens biográficas (re)construídas na prisão e os desafios e dilemas pós-prisionais enfrentados por egressas e reincidentes do sistema penitenciário paraibano. 2014. Tese (Doutorado em Educação) — Programa de Pós-Graduação em Educação, Universidade Federal da Paraíba (UFPB), Paraíba, 2014. Disponível em: https://repositorio.ufpb.br/jspui/bitstream/tede/7741/2/arquivototal.pdf. Acesso em: 8 fev. 2019.

MAGALHÃES, A.; FÉRES-CARNEIRO, T. (2003). Conjugalidade e subjetividades contemporâneas: o parceiro como instrumento de legitimação do "eu". *In*: ENCONTRO MUNDIAL DOS ESTADOS GERAIS DA PSICANÁLISE, 2, 2003, Rio de Janeiro. Disponível em: http://egp.dreamhosters.com/encontros/mundial_rj/download/5a_Carneiro_39020903_port.pdf. Acesso em: 8 fev. 2019.

MAGNO, P. Mulheres, medida de segurança e a cegueira do sistema de justiça: o papel das defensorias públicas. *In*: PEREIRA, M.; PASSOS, R. (org.). *Luta antimanicomial e feminismos*: discussões de gênero, raça e classe para a reforma psiquiátrica brasileira. Rio de Janeiro: Autografia, 2017.

MALHER, M.; PINNE, F.; BERGMANN, A. *The psychological birth of the human infant symbiosis and individuation*. New York: Basic Books, 1975.

MORAN, D. Between outside and inside? Prison visiting rooms as liminal carceral spaces. *GeoJournal*, v. 78, n. 2, p. 339-351, abr. 2013.

MORETTO, T. *Da realidade social ao discurso jurídico-penal*: o encarceramento feminino por tráfico de drogas e o insucesso do proibicionismo criminalizador. Rio de Janeiro: Lumen Juris, 2014.

MOSCOVICI, S. *A representação social da psicanálise*. Rio de Janeiro: Zahar, 1978.

MUMOLA, C. Incarcerated parents and their children. *Bureau of Justice Statistics*, special report, ago. 2000. Disponível em: https://www.bjs.gov/content/pub/pdf/iptc.pdf. Acesso em: 8 fev. 2019.

OLIVEIRA, E. P. T. Mulheres em conflito com a lei: a ressignificação de identidades de gênero em um contexto prisional. *RBLA*, v. 9, n. 2, p. 391-414, 2009. Disponível em: http://www.scielo.br/pdf/rbla/v9n2/03.pdf. Acesso em: 8 fev. 2019.

ORMEÑO, G. R.; MAIA, J. M. D.; WILLIAMS, L. C. A. Crianças com pais ou mães encarceradas: uma revisão da literatura. *Revista de Psicologia da Criança e do Adolescente*, v. 4, n. 2, p. 141-161, 2013. Disponível em: http://www.laprev.ufscar.br/documentos/arquivos/artigos/2013-ormeno-maia-williams.pdf. Acesso em: 8 fev. 2019.

PASTORAL CARCERÁRIA NACIONAL. "Estive preso e foste me visitar": PCR do Rio de Janeiro segue mandado de Jesus há 43 anos. *Pastoral Carcerária*, 15 jun. 2015. Disponível em: http://carceraria.org.br/noticias/estive-preso--e-foste-me-visitar-pcr-do-rio-de-janeiro-segue-mandado-de-jesus-ha-43-anos. Acesso em: 8 fev. 2019.

PENSO, M. A.; SUDBRACK, M. F. Envolvimento em atos infracionais e com drogas como possibilidades para lidar com o papel de filho parental. *Psicologia USP*, v. 15, n. 3, p. 29-54, 2004. Disponível em: http://www.scielo.br/pdf/%0D/pusp/v15n3/24604.pdf. Acesso em: 9 fev. 2019.

PEREIRA, E. L. Famílias de mulheres presas, promoção da saúde e acesso às políticas sociais no Distrito Federal, Brasil. *Ciência & Saúde Coletiva*, v. 21, n. 7, p. 2.123-2.134, 2016. Disponível em: http://www.scielo.br/pdf/csc/v21n7/1413-8123-csc-21-07-2123.pdf. Acesso em: 9 fev. 2019.

PERROT, M. *Os excluídos da história*. São Paulo: Paz e Terra, 1988.

PERRUCI, M. *Mulheres encarceradas*. São Paulo: Global, 1983.

PIRES, T. Racializando o debate sobre direitos humanos. *SUR Revista Internacional de Direitos Humanos*, v. 28, dez. 2018. Disponível em: https://sur.conectas.org/racializando-o-debate-sobre-direitos-humanos/. Acesso em: 9 fev. 2019.

PITANGUY, J.; ALVES, B. *Feminismo no Brasil*: memórias de quem fez acontecer. Rio de Janeiro: Bazar do Tempo, 2022.

PONTE SOCIAL. 8 fev. 2021. Disponível em: https://pontesocial.org.br/post-como-superar-a-extrema-pobreza?gclid=Cj0KCQiA7bucBhCeARIsAIOwr-8vUaR-6ZQr_gJPmnyrRZz70c8UTrwobbk9Dv6duT1vBDq6ECrrRSEaAozWEALw_wcB. Acesso em: 9 jan. 2023.

PRADO, M. C. O tráfico de drogas e o destino das famílias. *In*: FÉRES-CARNEIRO, T. (org.). *Família e casal*: transmissão, conflito e violência. São Paulo: Casa do Psicólogo, 2013.

PUGET, J. Disso não se fala... transmissão e memória. *In*: CORREA, O. B. R. *Os avatares da transmissão psíquica geracional*. São Paulo: Escuta, 2001.

QUEIROZ, N. *Delitos de mulher*. 16 set. 2011. Disponível em: http://presosquemenstruam.blogspot.com/2011/09/delitos-de-mulher.html. Acesso em: 9 fev. 2019.

RAMOS, L. S. *Por amor ou pela dor?* Um olhar feminista sobre o encarceramento de mulheres por tráfico de drogas. 2012. Dissertação (Mestrado em Direito) — Programa de Pós-Graduação em Direito, Universidade de Brasília (UnB), Brasília, 2012.

RELATÓRIO sobre mulheres encarceradas no Brasil. 2007. Disponível em: http://carceraria.org.br/wp-content/uploads/2013/02/Relato%CC%81rio-para-OEA-sobre-Mulheres-Encarceradas-no-Brasil-2007.pdf. Acesso em: 1 dez. 2018.

RIBEIRO, D. *O que é lugar de fala?* Feminismos Plurais. Belo Horizonte: Letramento, 2019.

ROCHA-COUTINHO, M. L. A difícil arte de harmonizar família, trabalho e vida pessoal. *In*: FÉRES-CARNEIRO, T. (org.). *Família e casal*: transmissão, conflito e violência. São Paulo: Casa do Psicólogo, 2013.

ROCHA-COUTINHO, M. L. De volta ao lar: mulheres que se afastaram de uma carreira profissional para melhor se dedicar aos filhos. Retrocesso ou um novo modelo de família? FÉRES-CARNEIRO, T. (org.). *Família e casal*: permanências e rupturas. São Paulo: Casa do Psicólogo, 2009.

ROCHA-COUTINHO, M. L. Variações sobre um antigo tema: a maternidade para as mulheres. *In*: FÉRES-CARNEIRO, T. (org.). *Família e casal*: efeitos da contemporaneidade. Rio de Janeiro: PUC-Rio, 2005.

ROJAS-CAVANZO, D. A.; BENKELFAT-PERAFÁN, K.; MORA-ANTÓ, A. Narrativas acerca de las relaciones familiares en mujeres en situación de reclusión carcelaria. *Revista Latinoamericana de Ciencias Sociales, Niñez y Juventud*, v. 14, n. 1, p. 273-286, 2016. Disponível em: http://www.scielo.org.co/pdf/rlcs/v14n1/v14n1a19.pdf. Acesso em: 9 fev. 2019.

ROSA, M. D. O não-dito familiar e a transmissão da história. *Psychê*, v. 5, n. 8, p. 123-137, jul.-dez. 2001. Disponível em: https://www.redalyc.org/pdf/307/30700809.pdf. Acesso em: 9 fev. 2019.

SÁ, A. A. Prisionização: um dilema para o cárcere e um desafio para a comunidade. *Revista Brasileira de Ciências Criminais*, v. 21, jan. 1998. Disponível em: https://carceropolis.org.br/static/media/publicacoes/ Prisioniza%C3%A7%C3%A3o_-_um_dilema_para_o_carcere_e_ um_desafio_para_a_comunidade_Augu_SguTszX.pdf. Acesso em: 9 fev. 2019.

SAFFIOTI, H. [2004] *Gênero, patriarcado, violência*. São Paulo: Expressão Popular; Fundação Perseu Abramo, 2015.

SALMASSO, R. Criminalidade e condição feminina: estudo de caso das mulheres criminosas e presidiárias de Marília/SP. *Revista de Iniciação Científica da FFC*, v. 4, n. 3, 2004. Disponível em: http://www2.marilia.unesp.br/revistas/ index.php/ric/article/view/97/98. Acesso em: 9 fev. 2019.

SANTA RITA, R. P. *Mães e crianças atrás das grades*: em questão o princípio da dignidade humana. Brasília: Ministério da Justiça, 2007.

SANTIAGO, B. R.; SALIBA, M. G. Eu, prisioneira de mim: análise da influência da violência de gênero na inserção da mulher no mundo do crime. *Revista de Movimentos Sociais e Conflitos*, v. 2, n. 1, p. 205-233, jan.-jun. 2016. Disponível em: http://www.indexlaw.org/index.php/revistamovimentosociais/article/download/367/370. Acesso em: 9 fev. 2019.

SANTOS, T. (org.). *Levantamento nacional de informações penitenciárias INFOPEN Mulheres*. 2. ed. Brasília: Ministério da Justiça e Segurança Pública / Departamento Penitenciário Nacional, 2017. Disponível em: http://depen.gov.br/DEPEN/depen/sisdepen/infopen-mulheres/infopenmulheres_arte_07-03-18.pdf. Acesso em: 1 dez. 2018.

SAWAIA, B. Dimensão ético-afetiva do adoecer da classe trabalhadora. *In*: LANE, T. M. L.; SAWAIA, B. B. (org.). *Novas veredas da psicologia social*. São Paulo: Brasiliense, 2003. p. 156-168.

SCHERER, Z.; SCHERER, E. Concepções de mulheres encarceradas sobre a violência. *Cogitare Enferm.*, v. 14, n. 3, p. 435-440, 2009.

SECRETARIA ESPECIAL DE POLÍTICAS PARA AS MULHERES. *Relatório final do Grupo de Trabalho Interministerial*: reorganização e reformulação do sistema prisional feminino. Brasília: Secretaria Especial de Políticas para as Mulheres, 2007. Disponível em: http://docplayer.com.br/258987-Grupo-de-trabalho-interministerial-reorganizacao-e-reformulacao-do-sistema-prisional-feminino-relatorio-final.html. Acesso em: 9 fev. 2019.

SERRAS, D.; PIRES, A. Maternidade atrás das grades: comportamento parental em contexto prisional. *Análise Psicológica*, v. 2, n. 22, p. 413-425, 2004. Disponível em: http://repositorio.ispa.pt/bitstream/10400.12/224/1/AP%20 22%282%29%20413-425.pdf. Acesso em: 8 fev. 2019.

SILVA, D. A. *Mãe, mulher atrás das grades*: a realidade imposta pelo cárcere à família monoparental feminina. São Paulo: Unesp, 2015.

SOARES, B.; ILGENFRITZ, I. *Prisioneiras*: vida e violência atrás das grades. Rio de Janeiro: Garamond, 2002.

SOARES, I. R.; CENCI, C. M. B.; OLIVEIRA, L. R. F. Mães no cárcere: percepção de vínculo com os filhos. *Estudos e Pesquisas em Psicologia*, v. 16, n. 1, p. 27-45, 2016. Disponível em: http://pepsic.bvsalud.org/pdf/epp/v16n1/v16n1a03.pdf. Acesso em: 9 fev. 2019.

SOARES, L. E.; BILL, MV; ATHAYDE, C. *Cabeça de porco*. Rio de Janeiro: Objetiva, 2005.

SOIHET, R. Violência simbólica: saberes masculinos e representações femininas. *Revista Estudos Feministas*, v. 5, n. 1, p. 7, jan. 1997. Disponível em: https://periodicos.ufsc.br/index.php/ref/article/view/12558/11703. Acesso em: 7 fev. 2019.

SOUZA, M. *As mulheres e o tráfico de drogas*: linhas sobre os processos de criminalização das mulheres no Brasil. Brasília: IDP, 2015.

STELLA, C. Filhos de mulheres presas: o papel materno na socialização dos indivíduos. *Estudos e Pesquisas em Psicologia*, ano 9, n. 2, p. 292-306, 2º sem. 2009. Disponível em: http://www.revispsi.uerj.br/v9n2/artigos/pdf/ v9n2a03.pdf. Acesso em: 9 fev. 2019.

THOMPSON, A. [1976] *A questão penitenciária*. Rio de Janeiro: Forense, 2002.

TIBURI, M. *Feminismo em comum para todas, todes e todos*. Rio de Janeiro: Rosa dos Tempos, 2018.

TRIBUNAL DE JUSTIÇA DO DISTRITO FEDERAL E DOS TERRITÓRIOS (TJDFT). Pena restritiva de direitos. *Tjdft.jus.br*, 21 set. 2018. Disponível em: https://www.tjdft.jus.br/institucional/imprensa/direito-facil/edicao-semanal/pena-restritiva-de-direitos. Acesso em: 11 fev. 2019.

UNITED NATIONS OFFICE ON DRUGS AND CRIME (UNODC). *World drug report 2018*. Viena: UNODC, 2018. Disponível em: http://www.unodc.org/wdr2018/index.html. Acesso em: 9 fev. 2019.

VARELLA, D. *Prisioneiras*. São Paulo: Companhia das Letras, 2017.

WACQUANT, L. *As prisões da miséria*. Rio de Janeiro: Jorge Zahar, 1999.

WINNICOTT, D. W. [1965] *A família e o desenvolvimento emocional*. São Paulo: Martins Fontes, 1993.

WINNICOTT, D. W. [1979] *O ambiente e os processos de maturação*: estudos sobre a teoria do desenvolvimento emocional. Porto Alegre: Artes Médicas, 1990.

WINNICOTT, D. W. *O brincar e a realidade*. Rio de Janeiro: Imago, 1971.

WORLD FEMALE IMPRISONMENT LIST. Instituto de Pesquisa em Políticas Criminal e de Justiça de Birkbeck College. Disponível em: https://idpc.net/

news/2022/10/world-female-prison-population-up-by-60-since-2000. Acesso em março de 2023

ZAMORA, M. H. R. N. Desigualdade racial, racismo e seus efeitos. *Fractal*, v. 24, n. 3, p. 563-578, set. dez. 2012. Disponível em: http://www.scielo.br/pdf/fractal/v24n3/09.pdf. Acesso em: 9 fev. 2019.

ZANELO, V. Saúde mental, gênero e interseccionalidades. *In*: PEREIRA, M.; PASSOS, R. (org.). *Luta antimanicomial e feminismos*: discussões de gênero, raça e classe para a reforma psiquiátrica brasileira. Rio de Janeiro: Autografia, 2017.

ZAPPE, J. G. *et al.* Vulnerabilidade e autonomia na pesquisa com adolescentes privados de liberdade. *Psicologia*: ciência e profissão, v. 33, n. 1, p. 234-247, 2013. Disponível em: http://www.scielo.br/pdf/pcp/v33n1/v33n1a18.pdf. Acesso em: 1 dez. 2018.

ZORNIG, S. A.-J.; LEVY, L. Uma criança em busca de uma janela: função materna e trauma. *Estilos da Clínica*, v. 11, n. 20, p. 28-37, 2006. Disponível em: https://www.researchgate.net/publication/307779696_Uma_crianca_em_busca_de_uma_janela_funcao_materna_e_trauma. Acesso em: 9 fev. 2019.